Thomas Aquinas

Die sozialistische Staatsidee

Thomas Aquinas

Die sozialistische Staatsidee

ISBN/EAN: 9783743444973

Hergestellt in Europa, USA, Kanada, Australien, Japan

Cover: Foto ©ninafisch / pixelio.de

Manufactured and distributed by brebook publishing software (www.brebook.com)

Thomas Aquinas

Die sozialistische Staatsidee

Die sozialistische Staatsidee

beleuchtet durch

Thomas von Aquin.

Dargestellt von

Dr. Ceslaus M. Schneider.

Paderborn, 1894.
Druck und Verlag der Bonifacius-Druckerei.
(J. W. Schröder.)

Den Anlaß zu dieser Schrift gaben die Hinweise sozialdemokratischer Redner und Schriftsteller auf Stellen aus den Werken des Aquinaten. Teilweise bezweckten dieselben die Begründung für die Ansicht, daß Thomas sozialistischen Theorieen nicht fremd sei, und teilweise wollten im Gegenteil diese Hinweise nahelegen, wie wenig das Christentum imstande gewesen, die einseitigsten Uebertreibungen des sogenannten Klassensystems zu unterdrücken. So lesen wir in einem sozialdemokratischen Flugblatte als Lehre des hl. Thomas: „Die Staatsbürger müssen darüber wachen, um ihre Herrschaft über die auszuüben, welche von Natur dazu bestimmt sind, ihnen zu dienen; denn solche Herrschaft ist gerecht und gegen solche führt man gerechten Krieg, falls sie sich rebellisch zeigen sollten". Oder: „Nun sind aber die, welche ein Leben der Lohnarbeit und des Markthandels führen, nicht tugendhaft". „Im besten Staate sind Bürger die, welche Kriegsführung und Beratung besorgen; in ihren Händen muß auch der Besitz liegen."

Was die Behandlung der Sklaverei bei Thomas betrifft, so werden wir uns alsbald aus seinen Worten überzeugen, was er darunter versteht, wenn er sagt, manche Menschen seien von Natur zur Knechtschaft bestimmt. Es ist da nichts behauptet, was nicht ein jeder unterschreiben könnte. Ebenso werden wir sehen, wie er Sklaverei oder Knechtschaft, die der Natur gedacht ist, von derjenigen unterscheidet, welche vom positiven Gesetze kommt. — Daß den Handwerkern keine Tugend notwendig ist, steht allerdings im Texte. Aber schon die Bemerkung, daß, im Gegensatze zum Handwerker, den Sklaven Tugend notwendig sei, eine Bemerkung, die damit im Zusammenhange gemacht wird, hätte den sozialdemokratischen Gelehrten darauf hinweisen müssen, daß Thomas zwischen Tugend und Tugend unterscheidet. Die ars nämlich, also die Handwerkerfertigkeit, zählt bei ihm wohl zu den fünf Tugenden in der Vernunft; aber sie ist ihm keine moralische Tugend, wie die Stärke, Gerechtigkeit. Thomas behauptet nun als etwas ganz Selbstverständliches, und zwar mit ausdrücklichen Worten, daß dem Handwerker keine **moralische** Tugend notwendig sei, um einen Stuhl, einen Schuh, eine Bildsäule zu machen, dazu genüge die Tugend der „Kunst" in der Vernunft. Sobald aber seine Arbeit in Beziehung tritt zum menschlichen Verkehr, conversatio humana, bedarf er auch der moralischen Tugend. Dagegen ist die Arbeit selber des Dienstboten ein Glied in der Kette des menschlichen Zusammenlebens, und nach dieser Seite hin bedarf der Dienstbote im höheren Grade der moralischen Tugend. Das an dritter Stelle Behauptete **bekämpft** Thomas und beansprucht (de regim. princ. lib. 4, c. 11, und ebenso in der Politik, wie wir später sehen werden) auch für den Bauer und Handwerksmann eigenen Besitz. Wir können wohl auf die Richtigstellung weiterer sozialdemokratischer Anführungen aus Thomas verzichten, zumal die Darlegung der Lehre selber des Aquinaten den überreichlichen Beweis liefern wird, daß alle derartigen Belegstellen, gemäß der ganzen Anschauung des hl. Thomas, von vornherein entweder durchaus auf Fälschung beruhen oder auf Unkenntnis der von Thomas gebrauchten Ausdrücke, die er selber jedoch immer im Texte deutlich erklärt, oder endlich auf der Loslösung einzelner Sätze aus dem Zusammenhange.

Die Lehre des hl. Thomas enthält zudem, auch abgesehen von den augenblicklichen Angriffen auf dieselbe, so viel positiv Nützliches und Fruchtbringendes auf unserem Gebiete, daß sich auch darum eine eingehende Wiedergabe empfiehlt. Es wird für sie keinerlei Autorität in Anspruch genommen als die der G r ü n d e, welche der Aquinate beibringt. Thomas läßt einzig die Vernunft sprechen. Er betrachtet bei diesen Auseinandersetzungen die menschliche Natur weder als eine der Knechtschaft der Sünde unterliegende, und somit verdorbene, noch als erlöste, und sonach mit anderen als natürlichen Kräften ausgerüstete. Was die reine Vernunft mit Rücksicht auf die menschliche Gesellschaft und deren Beschaffenheit sagt, das untersucht Thomas. Und deshalb steht es jedem frei, das Ergebnis des eigenen Forschens dem der Vernunft des Aquinaten gegenüberzustellen, wie dieser selbst mit seinen Gründen auf die der Gegner antwortet. Nur soll man Gründe mit Gründen bekämpfen.

Ein Irrtum ist heutzutage in der Behandlung sozialer Fragen sehr verbreitet. Man will vom Christentum nichts wissen und fragt spöttisch, welchen Fortschritt denn das Christentum dem menschlichen Zusammenleben gebracht habe. Dabei aber geht man, ohne sich selbst dessen bewußt zu werden, von einem Gesellschaftsideal aus, welches eben nur durch christliche Prinzipien erzeugt werden konnte und dessen Verwirklichung christlichen Geist zur Voraussetzung hat. Wir haben deshalb für unsern jetzigen Zweck gerade die P o l i t i k des hl. Thomas, d. h. seine Erklärungen zu dem entsprechenden Buche des Aristoteles, als Quelle der Darlegung seiner Lehre genommen und nicht die Summa oder de regimine principum. Da kann jeder sich überzeugen, schon durch die äußere

Gestalt eines Kommentars zu Aristoteles, daß hier in keiner Weise die Offenbarung maßgebend ist, sondern die reine, bloße Stimme der natürlichen Vernunft, wie dieselbe in allen Menschen wiedertönt, die nur auf sie ernst achtgeben wollen.

Daraus folgt ein weiterer Vorzug, der die Darlegungen des hl. Thomas auszeichnet und dieselben, zumal für unsere Zeit, recht praktisch macht. Da nämlich Thomas auf rein natürlichen Boden sich stellt, so breitet sich vor unseren Augen ohne Schwierigkeit das weite Gebiet aus, auf welchem das positive Gesetz die Natur zu vollenden berufen ist. Was hat die Gesetzgebung vor Christus gethan, um die menschliche Natur, gemäß der Stimme der Vernunft, zu bethätigen und zu vollenden? Ein jeder, der die Geschichte kennt, wird bei den betr. Abschnitten sagen, das heidnische Gesetz habe, anstatt die menschliche Natur, mit Rücksicht auf deren gesellschaftliche Beziehungen, im Bereiche der natürlichen Kräfte zu vollenden, sie vielmehr, dank den Leidenschaften und der Selbstsucht, tief erniedrigt. Die Stimme der Vernunft wurde, mehr oder minder, erstickt, und die der Sinne zog den vernünftigen Geist nach sich. Was hat die kirchlich-christliche Gesetzgebung gethan, um der Natur im Menschen zu ihrem vollen Rechte zu verhelfen und dieselbe zu vollenden? Diese Frage verdient die eingehendste Beantwortung. Wir beabsichtigen, sie später gesondert zu geben in einer Abhandlung über Kirche und Staat. Die Kirche hat in keinem Falle solche Hinweise zu fürchten: wie z. B. was sie gethan hätte für die Arbeiter und Handwerker, worin denn eigentlich der Charakter des Christlichen in einem Staate gelegen sei, welche Beschaffenheit der Lohn habe, durch den sie anlockt, und der Zukunftsstaat, auf den sie zeigt.

Was die äußerliche Einrichtung der folgenden Arbeit betrifft, so werden wir die Lehre des Aquinaten dem genauen Wortlaute nach geben und daran gelegentliche Bemerkungen und Vergleiche anschließen. Der Hauptzweck besteht darin, daß die sichere Lehre des berühmten Fürsten der Scholastik klar verständlich vorgelegt wird; zumal in den Punkten, die für die gesellschaftliche Ordnung unserer gegenwärtigen Zeit von Interesse sind. Wir werden sehen, daß Thomas keine verknöcherte Staatsordnung verteidigt, wie er vielmehr das Gute in unseren heutigen Staatengebilden nachdrücklich bereits hervorhebt und auch den gesunden Kern in den Bestrebungen des Sozialismus losschält, soweit dieser nicht eine Sekte sein, sondern das geordnete Zusammenleben der Menschen befördern will.

Einleitung:
Zweck der staatlichen Ordnung.

I.

Text aus Thomas.

"Die Kunst ahmt die Natur nach. Denn wie die Ursachen oder Prinzipien sich verhalten, in solchem Verhältnisse stehen auch die Wirkungen. Die Ursache dessen aber, was durch die Kunst geschieht, ist die menschliche Vernunft, die ba gemäß einer gewissen Aehnlichkeit sich von der göttlichen Vernunft ableitet, nämlich von der Ursache alles dessen, was durch die Natur geschieht. Also muß auch das Vorgehen der Kunst sich richten nach dem Vorgehen der Natur, wie ein Schüler auf das Werk des Meisters sehen muß, will anders er in der Kunst des letzteren Fortschritte machen. Demnach muß die menschliche Vernunft, deren Licht von der göttlichen Lichtfülle sich ableitet, auf das schauen, was Gott in der Natur hergestellt hat, damit sie dadurch sich über die Normen ihrer Thätigkeit unterrichte und Aehnliches mache.

Darin jedoch liegt der Unterschied zwischen Natur und Kunst. Die Natur giebt nicht die Vollendung dem, was zur Kunst gehört, sondern bietet den Künstlern nur gewisse Prinzipien und gleichsam ein Modell für deren Wirksamkeit. Die Kunst aber ihrerseits kann wohl anschauen das, was zur Natur gehört, und es gebrauchen, um das eigene Werk herzustellen; aber sie kann nicht die Natur in den uns angehenden Dingen zu einer vollendeteren machen.

Daher ist es klar, daß die menschliche Vernunft das, was der Natur angehört, wohl erkennen, aber nicht herstellen oder machen kann; sie kann es nur zum Gegenstande der Erkenntnis haben. Das jedoch, was im Bereiche der Kunst sich findet, kann sie nicht nur erkennen, sondern auch verursachen. Die menschlichen Wissenschaften also, deren Gegenstand die natürlichen Dinge sind, können nur rein beschauliche sein und tragen bloß spekulativen Charakter, während jene Wissenschaften, die sich auf das vom Menschen Gemachte richten, ihrem Wesen nach wirksame, d. h. die Natur durch das Wirken nachahmende sind. Nun geht aber die Natur im Bereiche ihrer Thätigkeit vom Einfachen aus und schreitet zum Zusammengesetzten fort, sobaß in allem, was durch die Natur geschieht, das am meisten Zusammengesetzte das Vollkommene ist, das Ganze nämlich und der Zweck im Verhältnis zum übrigen, wie ja das in jedem Ganzen erscheint mit Rücksicht auf seine Teile. Demnach muß auch die Vernunft des Menschen, soweit sie auf das Wirken oder das Herstellen von etwas gerichtet ist, vom Einfachen zum Zusammengesetzten hin fortschreiten, vom Unvollkommenen zum Vollkommenen. Da aber die menschliche Vernunft nicht nur über jene Dinge zu befinden hat, die dem Gebrauche des Menschen dienen, sondern über die Menschen selber, die durch die Vernunft geleitet werden, so folgt, daß sie in dem einen Bereiche so gut wie im andern vom Einfachen zum Zusammengesetzten sich fortbewegt: in jenem, wie z. B. wenn sie aus Holzteilen ein Schiff herstellt oder aus Holz und Steinen ein Haus; bei den Menschen aber, wie wenn sie viele einzelne Menschen derart ordnet, daß sie ein Ganzes, d. i. eine gewisse Gemeinschaft bilden.

Solche Gemeinschaften lassen nun verschiedene Abstufungen zu, je nach dem Zwecke, zu dem sie hingeordnet sind; die letzte Stufe aber ist die Gemeinschaft des Staates, deren Zweck ist, alles zu bieten, was an und für sich genügt, um das Leben der Menschen in gesellschaftlicher Beziehung zu ermöglichen. Sie ist demnach unter allen Gemeinschaften, die den Menschen zukommen, die vollkommenste. Und weil das, was dem Gebrauche des Menschen dient, zum Menschen Beziehung hat wie zu seinem Zwecke, deshalb ist es notwendig, daß dieses Ganze, was da ist der Staat, über jedem Ganzen steht, was durch die menschliche Vernunft erkannt und hergestellt werden kann.

So haben wir denn **erstens** die Notwendigkeit einer Wissenschaft vom staatlichen Ganzen. Denn von allem, was durch die

Vernunft erkannt werden kann, muß es eine Lehre geben, durch welche die menschliche, Philosophie genannte, Weisheit vervollständigt wird. Da also dieses Ganze, was der Staat ist, dem Urteile der Vernunft irgend eines Menschen unterliegt, so war es notwendig, zur Vervollständigung der Philosophie die Lehre vom Staate zu behandeln, und diese Lehre eben heißt „Politik", d. h. die Wissenschaft vom bürgerlichen Leben.

Wir haben zweitens die Art und Gattung dieser Wissenschaft. Denn da die rein beschaulichen Wissenschaften sich dadurch von den auf das Wirken gerichteten, den praktischen, unterscheiden, daß die letzteren nicht einzig die Erkenntnis der Wahrheit zum Zwecke haben, sondern vielmehr jenes betreffende Werk, welches hergestellt werden soll, so haben wir es hier mit einer praktischen Wissenschaft zu thun; muß doch eben die menschliche Vernunft dieses Ganze, das wir Staat nennen, nicht nur erkennen, sondern herstellen. Da zudem die menschliche Vernunft manches so herstellt, daß der außen vorliegende Stoff dadurch geformt wird, wie dies bei den sog. mechanischen Künsten, z. B. der Schmiede-, Schiff- 2c. -Kunst, der Fall ist, anderes aber so, daß die Thätigkeit im Geiste bleibt, wie z. B. raten, wählen, wollen, und alles, was zur Moralwissenschaft gehört; so ist klar, daß die Politik, eine Wissenschaft also, deren Gegenstand die Ordnung unter den Menschen ist, nicht zu den mechanischen Wissenschaften zählt, sondern zu den letztgenannten, die, wie die Moralwissenschaft, im Thätigsein selber bestehen.

An dritter Stelle können wir uns jetzt klar machen die Würde und den Rang der „politischen" Wissenschaft im Vergleiche zu allen andern auf das praktische Leben gerichteten Wissenschaften. Denn der Staat ist das Hauptsächlichste von dem, was durch die menschliche Vernunft bewirkt werden kann, da alle anderen menschlichen Gemeinschaften zu ihm Beziehung haben und die gesamten mechanischen Künste mit Dingen sich beschäftigen, die auf den Menschen, als auf ihren Zweck, hingeordnet sind und von ihm gebraucht werden. Wenn also jene Wissenschaft einen höheren Rang besitzt, welche etwas Höheres und Vollkommneres zum Gegenstande hat, so ist notwendig unter allen „praktischen" Wissenschaften die Staatswissenschaft die höchste und maßgebendste, denn sie richtet sich auf das letzte und vollkommene Gut im Bereiche der menschlichen Angelegenheiten.

Und so können wir viertens aus dem Gesagten auch die dieser Wissenschaft eigene Art und Weise eines geordneten Vorgehens entnehmen. Wie nämlich die rein beschaulichen oder spekulativen Wissenschaften aus der Betrachtung der Teile und der Prinzipien zur Kenntnis des Ganzen aufsteigen und dessen Eigenschaften und Thätigkeiten offenbar machen; so gelangt auch diese Wissenschaft durch die Erwägung der Teile und der Prinzipien des Staates dazu, daß sie die Eigenschaften und die Aeußerungen des Staatsganzen klar hinstellt. Und weil sie eine praktische, d. h. auf die Thätigkeit, auf das Machen, gerichtete Wissenschaft ist, zeigt sie überdies, wie alles einzelne im Staate vervollkommnet werden kann, was ja für eine jede dieser „praktischen" Wissenschaften ein Erfordernis ist.

Nun beruht eine jede Gemeinschaft unter den Menschen auf einer gewissen Thätigkeit, und sonach hat sie ein Gut zum Zweck, denn niemand ist thätig, es sei denn er wolle ein Gut erreichen; mag dieses ein wahres, objektives oder nur ein scheinbares, ein subjektives sein. Da also die staatliche Gemeinschaft als die hauptsächlichste dasteht, so muß sie auch auf ein Gut sich richten, welches unter den für die Menschen erstrebbaren Gütern die erste Stelle einnimmt. Denn was dem Zwecke dient, entspricht in seiner Bedeutung dem Werte des Zweckes. Daß aber der Staat die hauptsächlichste Gemeinschaft ist, geht schon daraus hervor, daß ein Ganzes, in welchem andere Arten von Ganzen enthalten sind, höher steht als diese, wie die Mauer ein gewisses Ganze ist, jedoch als Teil des Hauses unter dem Ganzen des Hauses sich findet. Insofern also der Staat in sich enthält die Gemeinschaft der Familie und der Gemeinde, ist er an der ersten Stelle und hat sonach unter allen menschlichen Gütern das hauptsächlichste zum Zweck.

Wir müssen jedoch von vornherein einer falschen Auffassung begegnen. Der Staat nämlich kann eine königliche unbeschränkte Gewalt an seiner Spitze haben oder es kann derjenige, der an erster Stelle leitet, gemäß einigen Gesetzen in seiner Gewalt eingeschränkt sein. Und ähnlich giebt es im Hause oder in der Familie eine doppelte leitende Gewalt:

1. Diejenige, welche dem Herrn gegenüber seinen Knechten zukommt, und diese nennt man die despotische oder herrschaftliche, und 2. jene, welche der Familienvater über die zum Haushalte gehörigen Freien ausübt; diese letzteren können hie und da auch widersprechen und die Gründe ihrer eigenen Vernunft geltend machen. Nun ist die falsche Auffassung diese: Viele nahmen, aber mit Unrecht, an, daß diese beiden Arten von Leitung nicht voneinander sich unterscheiden, sondern auf dasselbe hinauslaufen. Sie begründeten ihre Annahme damit, daß es sich hier um nichts als um eine größere oder kleinere Zahl handelt; ein solcher Unterschied aber in der bloßen Zahl beruht nicht in der Wesensverschiedenheit. Sie meinten also, wenn die Gemeinschaft nur eine kleine sei, so werde der Vorsteher Familienvater genannt und die entsprechende Herrschaft sei die oben als despotische bezeichnete. Fänden sich aber mehrere in solcher Gemeinschaft, nicht bloß also Knechte, sondern auch Freie, wie Kinder, Verwandte, so heiße der Vorsteher Präsident oder Verwalter. Und werde die Zahl noch mehr ausgedehnt, sobaß es sich um ein ganzes Gemeinwesen, um einen Staat handele, so sei die Leitung eine königliche. Danach würde sich der einfache Haushalt vom Staate durch nichts weiteres unterscheiden wie durch die Größe und die Zahl, sobaß eine große Familie als ein kleiner Staat und umgekehrt bezeichnet werden könnte. Und die Leitung würde eine königliche sein, wenn ein Mensch bedingungslos und nach allen Seiten hin vorstände; die aber eines Präsidenten oder Verwalters, wenn einer gemäß bestehenden Gesetzen zu leiten hätte. Der letztere wäre zum Teil König, nämlich mit Rücksicht auf das ihm Unterstehende, und zum Teil Unterthan, nämlich in Bezug auf das, worin er dem Gesetze unterworfen ist. Dementsprechend bestände also hier, nach keiner Seite hin, ein wesentlicher, sondern nur ein nebensächlicher Unterschied.

Doch diese ganze Annahme ist durchaus falsch. Und das wird am besten einleuchten, wenn wir auf die Elemente eingehen, aus denen der Staat zusammengesetzt ist. Hat ein jedes derselben ein eigenes Gut zum Zwecke, welches nicht der Zweck des andern ist, so haben wir offenbar einen Unterschied dem Wesen nach, denn die Tugenden und praktischen Wissenschaften werden wesentlich gekennzeichnet durch den Gegenstand, nämlich durch das Gut, worauf sie sich richten. Wollen wir also den Staat bis in seine einfachsten Elemente verfolgen, so ist jedenfalls die erste Gemeinschaft, die zur Staatsbildung erfordert wird, die von Mann und Frau. Denn diese Verbindung hat zum Zwecke die Zeugung und entspricht nicht dem, was jedem Menschen für sich allein eigen ist und ihn zu einem selbständigen Wesen macht, sondern dem, was den Menschen gemeinsam zukommt: nicht demnach der Vernunft, der Quelle persönlicher Freiheit, sondern der fleischlichen Natur, in der die Menschen nicht nur untereinander, sondern auch mit Tieren und Pflanzen übereinkommen, insoweit diese alle der Zeugung bedürfen, damit die Gattung unvergänglich sei. Eine zweite Verbindung von Personen miteinander ist die des Leitenden und des Untergebenen; und auch diese kommt von der Natur, die da nicht nur will, daß gezeugt werde, sondern zudem, daß es dem Gezeugten wohlergehe. Denn jener ist von Natur zum Leiten und Herrschen bestimmt, welcher mit seiner Vernunft voraussehen kann, was dem Wohle förderlich ist, und sonach das Nützliche herbeizuführen und das Schädliche abzuwehren vermag. Wer aber durch die Kraft seines Körpers das im Werke ausführen kann, was der Weise mit der Vernunft vorausgesehen, der ist von Natur Knecht und unterworfen. Offenbar nun gereicht diese Verbindung beiden zum Heile. Denn wer wegen seiner Weisheit mit der Vernunft voraussieht, kann oft davon keinen Nutzen ziehen, weil ihm die Kräfte des Körpers fehlen, um das Erkannte ins Werk zu setzen; er bedarf somit eines Knechtes. Und wer an Körperkraft hervorragt, wird oft sein eigenes Wohl nicht finden, wenn die Klugheit des anderen ihn nicht leitet.

Daraus nun folgt zu allererst, daß kraft der Natur das Weib und der Knecht, mit Rücksicht auf ihre Obliegenheiten, wesentlich verschieden sind. Denn das Weib ist wohl für das Zeugen und alles, was damit zusammenhängt, geeignet; aber die Kraft ihres Körpers ist nicht groß, wie dies letztere beim Knechte erfordert wird. Danach ist also der Unterschied zwischen diesen beiden Verbindungen zu erwägen. Wenn aber Aristoteles den Grund davon darin setzt, daß die Natur nicht in derselben Weise arbeitet wie diejenigen, die delphische Schwerter machen, so muß man daran denken, daß derartige Schwerter mehrfachen Zwecken dienten, wie zum Schneiden, zum Glätten und Aehnlichem. Dies geschah wegen der Armen, die nicht mehrere Werkzeuge, ein jedes zu einem eigenen Zwecke, sich erwerben konnten. So macht es nicht die Natur. Vielmehr bestimmt sie für jeden ihrer Zwecke eigens entsprechende Werkzeuge, sodaß also die Frau, welche seitens der Natur zum Zeugen dienen soll, nicht von Natur zu Knechtsdiensten bestimmt ist. Doch das ist nur für den Fall richtig, wenn zwei oder mehrere verschiedene Thätigkeiten sich nicht miteinander vertragen, wenn z. B. beide häufig vorkämen, sodaß die eine ein Hindernis wäre für die andere. Tritt dies nicht ein, so kann die Natur ganz wohl ein Werkzeug verschiedenem dienen lassen, wie die Zunge für den Geschmack und für das Sprechen bestimmt ist.

Dieser Behauptung aber, daß von Natur die Frau nicht zu Knechtsarbeiten bestimmt ist, scheint die Sitte bei den Barbaren entgegenzustehen, bei denen Frau und Sklave so ziemlich auf derselben Stufe sich finden. Nun werden Barbaren von den einen diejenigen genannt, deren Sprache man nicht versteht, wie das Wort 1 Kor. 14 vom Apostel gebraucht wird: „Wenn ich die Bedeutung des Wortes nicht verstehe, so werde ich für diesen, der da spricht, und er für mich Barbar sein". Anderen scheint der Ausdruck dies zu enthalten, daß die Sprache, in der sie sprechen, keine Schriftsprache ist. Danach sagt man, Beda habe die Kenntnis der freien Künste durch Bücher, die er in englischer Sprache schrieb, verbreitet, damit die Engländer nicht für Barbaren gehalten würden. Wieder andere meinen, Barbaren seien diejenigen, welche durch passende bürgerliche Gesetze nicht geleitet werden. Allen diesen Auffassungen insgesamt liegt die Idee zu Grunde, daß unter dem Namen „Barbar" etwas Fremdartiges zu verstehen sei. Ist also jemand dem menschlichen Geschlecht überhaupt dadurch fremd, daß er der Leitung durch die Vernunft ermangelt, welche ja den Menschen vom Tiere scheidet, so ist er schlechthin oder bedingungslos ein Barbar. Zu dieser Klasse gehören jene, die infolge des Klimas, in welchem sie wohnen; für gewöhnlich stumpfsinnig sind oder doch wenig Vernunft haben, und sodann gehören hierzu auch jene, in deren Lande irgend ein gewohnheitsmäßiges Laster herrscht, sodaß die Menschen dadurch unvernünftig und gewissermaßen tierisch werden. Offenbar aber ist es der Kraft der Vernunft gedankt, daß die Menschen durch ein vernünftiges Recht geleitet werden und in den Wissenschaften sich ausbilden. Dies also ist ein angemessenes Zeichen des Barbarischen, daß die Menschen gar keine oder nur unvernünftige Gesetze haben, und ebenso, daß bei manchen Völkern die Wissenschaft nicht gepflegt wird. Soweit über das Barbarische schlechthin oder im allgemeinen Sinne.

Es kann aber auch jemand dem andern bloß deshalb fremd sein, weil er mit ihm in keiner Gemeinschaft steht. Nun ist die Sprache das bedeutendste Bindemittel unter den Menschen. Also werden danach Menschen als Barbaren bezeichnet, deren Sprache man nicht versteht. So können Griechen die Indier für Barbaren halten und umgekehrt Indier die Griechen. Im letzten, bloß relativen, Sinne aber sprechen wir jetzt nicht von Barbaren, sondern im ersten, bedingungslosen oder schlechthin.

Wenn also bei den Barbaren das Weib mit dem Sklaven auf derselben Stufe steht, so kommt dies daher, daß bei diesen Völkern keine der Natur entsprechende Leitung sich findet. Nach der Natur nämlich ist derjenige zum Leiten berufen, der kraft seiner Vernunft vorhersehen kann, und jener zum Dienen, der Körperkraft genug hat, um das erforderte Werk thatsächlich zu vollbringen. Da jedoch diese Barbaren wenig Vernunft und einen starken Körperbau haben, so findet sich bei ihnen nicht die geordnete Unterscheidung zwischen Leiten und Ausführen, Herrschen und Dienen; und deshalb gilt bei ihnen Weib und Sklave für dasselbe. Darum meinen auch die Dichter, es sei angemessen, daß die Griechen, bei denen ja ein Uebermaß von Vernunft zu bemerken sei, über die barbarischen Völker herrschen; als ob dies eben von Natur zusammenfalle: Barbar und Sklave.

Aus diesen beiden Verbindungen demnach, von denen die eine dem Zeugen dient, die andere dem Wohlergehen, entsteht das Haus oder die Familie. Darin leben der Mann und die Frau, beziehungsweise die Kinder; und dann der Herr und der Knecht. Dies sagt schon Hesiod. Nach ihm hat jedes Haus: 1. den Herrn, der leitet; 2. die Frau; 3. den Ochsen zum Pflügen. In einem armen Hause nämlich ist kein Knecht; anstatt desselben setzt der Dichter den Ochsen, dessen sich der Mensch bedient, um das Gewollte auszuführen. Wollen wir aber wissen, welche Aufgabe oder welcher Zweck dem Hause gesetzt ist, so müssen wir sehen, welchen Thätigkeiten es dient. Solcher Thätigkeiten nun, welche einer Gemeinschaft unter den Menschen zukommen, giebt es zwei Arten. Die eine wird aus den täglichen Vorkommnissen zusammengesetzt; dazu gehört essen, sich wärmen und ähnliches. Die andere Art wird von Bedürfnissen verlangt, die nicht tägliche sind, wie z. B. ein Handelsgeschäft machen, Krieg führen. Offenbar nun dient das Haus der erstgenannten Art von Thätigkeiten, jenen Bedürfnissen nämlich, die täglich zu befriedigen sind. Darum nennt Charondas die Mitglieder einer gemeinsamen Haushaltung: Zusammenesser; und Epimenides nimmt die Bezeichnung vom Feuerherde.

Nach der Gemeinschaft des Hauses kommt die der Gemeinde, welche bereits Bedürfnisse zu befriedigen bestimmt ist, welche nicht als tägliche bezeichnet werden können. Diese Gemeinschaft ist durchaus gemäß der Natur, welcher es entspricht, daß aus einem Menschen durch Fortpflanzung viele kommen. Nichts anderes nämlich bildet den Ursprung der Gemeinde, wie das Bedürfnis, daß die Söhne und Enkel wieder ein eigenes Haus gründen. Und gerade solche Häuser, die nebeneinander von den herangewachsenen Nachkommen gebaut werden, nennt man als ein Ganzes Gemeinde.

Wie aber die Gemeinde aus mehreren Häusern besteht, so der Staat aus mehreren Gemeinden. Der Staat nun ist eine vollkommene Gemeinschaft, insoweit es zu seinem Wesen gehört, daß alles in ihm sich vorfindet, was zum menschlichen Leben notwendig ist und genügt. Darum setzt er sich aus mehreren Gemeinden oder Abteilungen zusammen, sodaß in der einen das Schmiedehandwerk, in der andern die Weberei u. s. w. gepflegt wird. In diesem Sinne ist der Staat eine vollkommene Gemeinschaft, sodaß, wenn er wohl eingerichtet ist, die Menschen da nicht nur wie auch immer leben, sondern daß sie, dank den zur Tugend anleitenden Gesetzen, gut und zufrieden leben.

Aus dem Gesagten ergiebt sich zudem, daß die Gemeinschaft des Staates der menschlichen Natur angemessen ist. Denn zuvörderst ist das Staatswesen der natürliche Endzweck der bereits erwähnten Gemeinschaften, die, wie oben gezeigt worden, der menschlichen Natur entsprechen. Sodann ist es schon an sich etwas in der Natur Liegendes, das zum Leben Hinreichende zu haben. Dazu aber besteht eben der Staat, damit für das zum menschlichen Leben Notwendige genügend vorgesorgt sei. Da nun der Staat durchaus der Natur entspricht, und da er nur aus Menschen besteht, so folgt, daß von Natur der Mensch die Hinneigung zum gesellschaftlichen Zusammenleben hat. Dem steht nicht entgegen, daß es Menschen giebt, die durch irgend einen Zufall in keinem staatlichen Verbande sich befinden, entweder nämlich, weil sie verbannt wurden oder weil sie wegen ihrer Armut für sich allein den Acker bebauen oder das Vieh hüten. Denn auch in andern Beziehungen kann etwas Natürliches hie und da zufällig mangeln, wie jemand ein Arm oder ein Auge fehlen kann. Fühlt aber ein Mensch von Natur in sich keine Neigung zum gesellschaftlichen Zusammenleben, so ist er entweder verdorben in seiner Natur und keiner Freundschaft fähig sowie durch kein Gesetz zu leiten; oder er hat eine vollkommnere Natur wie die gewöhnlichen Menschen, sodaß er sich selber, ohne weitere Gesellschaft, zu genügen imstande ist. Der erstere ist den Raubvögeln ähnlich, die ja auch nicht gesellig sind; der zweite den Engeln.

Daß der Mensch aber von Natur zum gesellschaftlichen Zusammenleben hinneigt, geht auch aus der ihm eigenen Wirksamkeit hervor, und zwar in höherem Grade, wie aus der Thätigkeit der Bienen oder anderen gemeinsam lebenden Tieren, deren Trieb zur Geselligkeit aus ihrer Thätigkeit erschlossen wird. Die Natur nämlich macht nichts zwecklos. Sehen wir also, daß einem Wesen etwas von der Natur verliehen worden ist, was durch seine ganze innere Einrichtung auf einen bestimmten Zweck weist, so ist dieser Zweck selber mit der Natur gegeben. Nun haben wohl viele Tiere eine Stimme, der Mensch allein aber hat eine Sprache; ist doch das eigentlich nicht als Sprache zu bezeichnen, wenn einzelne Tiere Worte hervorbringen, die auch der Mensch spricht, da sie nicht verstehen, was sie sagen, sondern nur mechanisch, aus Gewohnheit, solche Worte sagen. Dieser Unterschied nun besteht zwischen der Sprache und der einfachen Stimme: Die letztere ist das Zeichen der Trauer sowie des Ergötzens und sonach aller andern sinnlichen Leidenschaften,

z. B. des Zornes und der Furcht, die ja insgesamt in der Trauer oder im Ergötzen münden. Eine Stimme also ist den Tieren gegeben, deren Natur bis dahin geht, daß sie fühlen, was ergötzt oder was schmerzt, und sonach dies sich einander anzeigen, wie z. B. der Löwe durch das Brüllen, der Hund durch das Bellen; anstatt dessen haben wir die unwillkürlichen Ausrufungen. Die menschliche Sprache drückt aber aus, was nützlich und was schädlich, und demnach, was gerecht oder ungerecht ist; besteht doch die Gerechtigkeit und die Ungerechtigkeit eben darin, daß gewisse Menschen einander in dem gleich sind oder nicht, was schadet oder nützt. Somit ist die Sprache den Menschen eigen; denn das ist ihnen zum Unterschiede von den Tieren angemessen, daß sie die Kenntnis von Gut und Böse haben, von Gerecht und Ungerecht und Aehnlichem. Dieser Kenntnis aber gerade dient die Bezeichnung der Sprache. Da also die Menschen von Natur die Sprache haben und diese dazu bestimmt ist, daß die Menschen untereinander Gemeinschaft pflegen im Nützlichen und Schädlichen, im Gerechten und Ungerechten und derartigem, so folgt notwendig, daß, insofern ja die Natur nichts ohne Zweck macht, die Menschen von Natur in der oben gekennzeichneten Gemeinschaft stehen. Eine solche Gemeinschaft aber ist das Haus und der Staat. Also ist der Mensch von Natur zur häuslichen und zur staatlichen Gesellschaft geneigt.

Aus dem Gesagten folgt weiter, daß gemäß der Natur der Staat früher ist als das Haus oder der Mensch. Dies gilt aber nur insoweit, als von der Absicht der Natur die Rede ist, nicht von der Ausführung solcher Absicht. So hat der Maler ebenfalls in erster Linie die Absicht, das Ganze des Bildes zu malen, von dem er die Idee hat; in der Ausführung jedoch kommen zuerst die Teile nacheinander und zuletzt das Ganze. Und zweitens gilt das nur, insofern die materiellen Teile eines Ganzen in Betracht kommen, nicht von den Teilen in einem Begriffe; wie z. B. die Linie in den Begriff des Dreiecks als Teil eintritt und so auch früher ist als das Ganze, oder wie im Begriffe des Menschen als eines sinnbegabten, vernünftigen Wesens zuerst die Teile kommen und dann das Ganze. Daß nun unter den erwähnten Beschränkungen der Staat als Ganzes früher und deshalb maßgebend für das Haus und den Menschen als einen einzelnen ist, kann nicht geleugnet werden. Denn wird ein solches Ganze zerstört, so bleiben auch die Teile nicht; wie, wann ich den Menschen als Ganzes zerstöre, der Fuß oder die Hand nicht mehr menschliche Teile sind, sondern nur noch im selben (äquivoken) Sinne Fuß oder Hand genannt werden, wie ich Füße oder Hände von Holz oder Stein so nennen könnte. Daß aber der Teil vergeht beim Zugrundegehen des Ganzen, ist daraus klar, weil jeder Teil definiert wird auf Grund seiner Thätigkeit und der Kraft, vermöge deren er thätig ist, wie ich den Fuß begrifflich bestimme als das organische Glied, welches die Kraft hat zum Gehen. Findet sich also eine solche Thätigkeit und eine solche Kraft nicht mehr im Fuße, so hört er auf, wie früher Fuß zu sein, sondern behält bloß noch denselben Namen, ohne daß damit das Wesen eines Teiles des menschlichen Körpers verbunden wäre. Und so verhält es sich mit allen derartigen Teilen, welche als materielle Teile bezeichnet werden, in deren Definition nämlich das Ganze eintritt, sobaß sie, fällt das Ganze fort, auch selber nicht mehr sind. So setze ich z. B. in die Definition des Halbkreises den Kreis, nämlich als die Hälfte des Kreises. Nun haben die einzelnen Menschen Beziehung zum Staate, wie die Teile des Menschen zum Ganzen desselben; denn gleichwie die Hand oder der Fuß nicht sein kann ohne den Menschen, so ist auch nicht von Natur ein einzelner Mensch sich selbst genügend, um getrennt vom Ganzen eines Staates zu leben. Also ist der Staat in der Absicht der Natur früher wie der einzelne Mensch. Oben aber ist schon gesagt worden, daß, wenn ein Mensch zu schlecht ist, um in Gemeinschaft mit andern leben zu können, er eine verderbte Natur hat und somit unter der Natur steht. Hat aber ein Mensch so wenig Bedürfnisse, daß er der Gesellschaft mit andern nicht bedarf, so ist er besser wie ein Mensch und gewissermaßen Gott selber ähnlich; er steht dann über der Natur.

In allen Menschen findet sich also von Natur ein Zug zum staatlichen Zusammenleben wie auch zu den Tugenden. Wie aber die Tugenden durch Uebung gewonnen werden, so sind auch die Staaten durch menschliche Mühe und Betriebsamkeit eingerichtet worden. Wer demnach zuerst das staatliche Gemeinwesen eingerichtet hat, ist die Ursache von hohen Gütern für die

Menschen geworden. Denn der Mensch ist das beste unter den sinnbegabten Wesen, wenn in ihm die Tugend vollendet wird, zu der er natürliche Hinneigung hat. Ist er aber ohne Gesetz und ohne Gerechtigkeit, so ist der Mensch das schlechteste unter den sinnbegabten Wesen; denn er hat die wirksamsten Waffen, d. h. Hilfsmittel, um das Schlechte zu vollbringen. Seine größere Schlauheit dient ihm dazu, um den verschiedenartigsten Betrug zu erdenken; seine Kraft im Ertragen von Hunger und Durst, um besser in der Bosheit zu verharren. Ohne Tugend ist er mit Rücksicht auf seine Abwehrkraft im höchsten Grade roh und grausam, mit Rücksicht auf seine Begierlichkeit schlimmer als jedes Tier in der Wollust und in der Gefräßigkeit. Die bürgerliche Ordnung aber hat den Zweck, den Menschen zur Uebung der Gerechtigkeit anzuhalten. Darum wird auch im Griechischen dasselbe Wort gebraucht für bürgerliche Ordnung und für das Urteil des Richters, nämlich δίκη. Offenbar hat, wer zuerst die staatliche Ordnung aufgerichtet hat, den Menschen einen großen Dienst geleistet; denn er gab ihnen Gesetze, damit sie gemäß der Gerechtigkeit und allen Tugenden sich vervollkommneten."

II.

Soweit Thomas. Wir haben seine Lehre wörtlich und im Zusammenhange anführen wollen, damit dem Leser ein ganz und gar selbständiges Urteil ermöglicht werde. Zu erläutern giebt es da nicht viel; derart klar sind die Ansichten ausgesprochen und begründet. Wir begnügen uns, einige Punkte zu betonen, weil sie gerade heutzutage größere Wichtigkeit beanspruchen:

1. Der Aquinate spricht in diesem Teile ebenso wie in allen folgenden von den natürlichen Prinzipien des staatlichen Zusammenlebens. Es ist leicht zu sehen, daß er mit dem Worte „Natur" einen ganz genau umschriebenen Begriff verbindet. Natur ist ihm zuvörderst niemals das voll genügende Prinzip für das einzelne Sein und Wirken. In der heutigen

Redeweise deckt der Ausdruck „Natur" alle Verlegenheiten; und jeder gebraucht ihn deshalb, jenachdem es ihm paßt. Bei Thomas ist deutlich ausgedrückt, in welcher Weise sich jemand auf die Natur im Behandeln von Fragen des staatlichen Zusammenlebens berufen kann. Sie ist das Gemeinsame in allen Menschen. Thomas unterscheidet neben der Natur im Menschen noch ein anderes Element: jenes nämlich, wodurch der einzelne unter die Natur hinabsinken oder über dieselbe sich erheben kann, insoweit er durch seine frei wirkende Vernunft dieselbe mißbraucht oder über das gewöhnliche Maß hinaus vollendet. Das muß für alles folgende festgehalten werden. Wenn er den Staat als jene Gemeinschaft hinstellt, wodurch jedem Menschen das allerseits Genügende gewährt wird, wenn er den Staat das Ganze nennt, welches der Zweck aller einzelnen Teile ist; — so darf das nicht dahin mißverstanden werden, als ob Thomas oder auch Aristoteles das ganze Individuum im Staate aufgehen lassen will. Eine Staatsallmacht ist den Ideeen beider fremd, wie sich das aus dem Verfolge noch mit ausdrücklichen Worten ergeben wird. Vielmehr ist der Staat nur insofern das Ganze, also Zweck der einzelnen Menschen, und er ist nur insofern berufen, den menschlichen Nöten allseitig zu genügen, als die Menschen durch die Natur zu einander gehören und einander bedürfen. Soweit jeder Mensch kraft seines vernünftigen Geistes selbständig ist und für sich bestehend, hat der Staat vielmehr seinen Zweck im einzelnen Menschen: er soll ihn nämlich zur Tugend erziehen und damit dem endgültigen Wohle jedes einzelnen dienen. Es gelten da die Worte Macaulays (über Macchiavelli): „Das große Prinzip, daß Gesellschaften und Gesetze nur dazu existieren, die Summe des Glückes der einzelnen zu vermehren, ist nicht mit hinreichender Klarheit erkannt. Von allen politischen Täuschungen hat diese am ausgedehntesten und verderblichsten gewirkt, daß die Wohlfahrt des Ganzen, getrennt von der Wohlfahrt des einzelnen und mit ihr bisweilen kaum zu vereinen, das für den Staatsmann erstrebenswerte Ziel sei. Immer bloß Opfer für das allgemeine Beste verlangen und die Wohlfahrt des einzelnen ganz außer acht lassen, außer insoweit sie für den Bestand des Ganzen erfordert ist, heißt ebensoviel wie das gesunde Staatsbewußtsein untergraben und nichts vermehren als das Bewußtsein des Elends." Nach dieser Auffassung der Natur zeichnet sich bereits scharf das eigentlichste Gebiet des Staates ab. Der Schutz der staatlichen Gesetze soll, dem natürlichen Bedürfnisse der Menschen nach, dem Zusammenleben und in diesen Grenzen der Wohlfahrt der einzelnen am Ende dienen. Sache des Staates sind alle jene Maßregeln nicht, deren Zweck die Heranbildung des vernünftigen Geistes ist. Dies gehört zu den Aufgaben der Familie, solange das Kind noch „etwas vom Vater", aliquid patris, d. h. noch nicht selbständig im Gebrauche seiner geistigen Fähigkeiten ist. Und nachdem diese Zeit eingetreten, ist dies Aufgabe des einzelnen Menschen selber und der freien Vereinigung einzelner. Die Familie stärkt die Selbständigkeit des Menschen; der Staat hat, nach seinem innersten Wesen, immer die Neigung, diese geistige Selbständigkeit zu schwächen, und zwar desto mehr, je größer er ist. Gerade aber die geistige Selbständigkeit soll die Frucht der Heranbildung des Geistes sein.

2. Unsere Sozialisten betrachten ihr System als einen ungeheuren Fortschritt der „Wissenschaft". Wir sehen bereits im oben Angeführten und werden uns in dem, was folgt, noch tiefer davon überzeugen, daß das Grundgesetz von allem Liberalismus und Sozialismus sowie aller der Regeln, die aus ihm folgen, bereits als ein offenbarer Irrtum von

Aristoteles bekämpft wird und somit schon bei weitem früher aufgestellt war: Im Staate sind nur Individuen, so heißt dieses Grundgesetz. Jegliches dieser Individuen hat genau das gleiche Recht. Das Haus ist ein kleiner Staat, der Staat ist ein großes Haus oder eine große Gemeinde und nur die Zahl macht da einen Unterschied. So formuliert Thomas nach Aristoteles das erwähnte Grundgesetz. Demgegenüber stellt er fest, daß Haus, Gemeinde, Staat, von Natur dem Wesen nach voneinander geschieden sind; und wir glauben, daß wohl schwerlich jemand den Beweis dafür entkräften wird. Damit aber werden zugleich die Grundelemente für das organisch-gegliederte Staatsganze gekennzeichnet. Die Zahl macht ja nicht wesentlich die Familie aus, sondern Mann und Gattin, Herr und Knecht, von denen jedes Glied von Natur die ihm eigene Bedeutung hat und zwar gemäß den entsprechenden natürlichen Aufgaben sowie nach dem Grade der Vernunft in den verschiedenen.

3. Ganz besonders ist da hier die Stellung hervorzuheben, welche Thomas dem Weibe zuweist. Die Frau gehört in die Familie. Sie ist vor allem berufen, die ersten Schritte des heranzubildenden Geistes im Kinde zu leiten. Sitte der **Barbaren** ist es, Frauen wie Sklaven oder Knechte arbeiten zu lassen und somit die Frau dem Knechte gleichzustellen. Die Arbeit in der Haushaltung liegt der Frau von Natur ob; nicht die Arbeit in der Fabrik, im Kohlenbergwerke oder Aehnliches. Noch weniger aber ist es der Natur entsprechend, die Frau in allen bürgerlichen oder politischen Angelegenheiten dem Manne gleichstellen zu wollen, als ob kein natürlicher Unterschied zwischen beiden bestände.

4. Die Kunst, einen Staat zu bilden und zu erhalten, nennt Thomas hier, unter allen menschlichen Künsten, die

schwerste und folgenreichste. Unsere Sozialisten aber halten dies für das Leichteste von der Welt. Es genügt, daß man unzufrieden ist, um sogleich etliche Systeme von staatlichen Gesellschaften bei der Hand zu haben. Der Grund für diesen Unterschied zwischen Thomas und den Sozialisten ist, daß Thomas die Vergangenheit kennt und die Begriffe, um die es sich handelt, sich mit seiner Vernunft klar gemacht hat, während die Sozialisten einzig auf die Zukunft vertrösten und mit schon oft vorgesprochenen Phrasen der „Wissenschaft" sich begnügen, anstatt mühevoll Begriffe zu bilden. Wir werden sogleich sehen, wieviel zu erwägen ist, wenn es sich darum handelt, das staatliche Zusammenleben der Menschen so zu regeln, daß es vernünftigermaßen den einzelnen zum Wohle gereicht. Hören wir weiter den Aquinaten.

Erstes Kapitel.
Die zwei Hauptklassen im Staate.

I.

Text aus Thomas.

Nachdem Aristoteles in der Einleitung über den Charakter des Staates und die Teile im allgemeinen gehandelt, geht er jetzt an die eingehende Erörterung dessen, was zum Hause oder zur Familie gehört. In jedem vollständigen Hause nun sind diese drei Verbindungen: Herr und Knecht, Mann und Frau, Vater und Kinder. Wir sagen, „in jedem vollständigen Hause"; denn, wie schon früher bemerkt, gilt im Hause des Armen der Ochse oder im allgemeinen das Lasttier anstatt des Knechtes. Die Verbindung von Vater und Kinder wurde oben nicht berührt, weil sie aus der von Mann und Frau herrührt. Diese drei Einigungen also sind jetzt Gegenstand der Erörterung. Zuvörderst benennt Aristoteles die auf jeder dieser Beziehungen ruhende Gewalt. Es ist dies die herrschaftliche, die eheliche und die väterliche. Ein Viertes, zum Hause Gehöriges, wird dann noch durch die Erwerbsverhältnisse gebildet. Viele meinen, daß in diesem letzteren der Haushalt ganz und gar besteht, und anderen erscheinen die Erwerbsverhältnisse als das Bedeutendste für die Familie; denn nur wenn Geld erworben und bewahrt wird, könne ein Hauswesen dauern. Darüber wird also auch gesprochen werden müssen. Zuerst nun reden wir über das Verhältnis von Herr und Knecht. Die Kenntnis davon wird einen zweifachen Nutzen bringen: sie wird uns lehren, was dazu dient, daß die Herrschaft über Knechte beiden Teilen heilsam sei; und sie wird uns zeigen, inwieweit wir einen Fortschritt zu verzeichnen haben mit Rücksicht auf die früheren Autoren, die über Herrschen und Dienen geschrieben.

Zwei Ansichten bieten sich uns hier dar: die eine ist die, daß die Wissenschaft, die dem Herrschen dient, lehre, wie die Knechte zu behandeln seien und daß sie zusammenfalle mit der ökonomischen Wissenschaft, wonach ein Hauswesen gut verwaltet wird, sowie mit der politischen Wissenschaft oder Staatsklugheit, kraft deren man einen Staat leitet. Die andere Ansicht ist die, daß es **außerhalb der Natur** sei, Knechte oder Sklaven zu haben; vielmehr komme dies einzig vom positiven Gesetz, daß Knechte sind und Freie; von Natur bestehe da **gar** kein Unterschied, sondern gewaltsamerweise seien manche so weit gekommen, sich anderer Menschen als ihrer Knechte zu bedienen.

Ehe wir unsere Meinung vorlegen, wollen wir das Wesen der Knechtschaft untersuchen und dementsprechend den Begriff, der mit dem Ausdrucke „Knecht" zu verbinden ist, feststellen. Um nun zu wissen, worin das Wesen der Knechtschaft besteht, bemerken wir zuerst, daß der Besitz ein gewisser Teil des Hauswesens ist und sonach die Kunst, seinen Besitz zu verwalten, als ein Teil der ökonomischen Wissenschaft betrachtet werden muß. Es ist nämlich nicht möglich, in der Familie zu leben ohne das dazu Erforderte, und dies eben liefert der Besitz. Das erscheint am besten durch eine Aehnlichkeit in den Künsten. Wir sehen nämlich, daß jeder Kunst oder jedem Handwerker Werkzeuge notwendig sind, mit denen die entsprechende Arbeit gethan werden muß, wie der Schmied des Hammers bedarf, wenn er ein Messer machen will. Der Hausverwalter bedarf demnach zu der ihm eigenen Aufgabe der Dinge, die er besitzt, wie dem Handwerker Werkzeuge notwendig sind. Sobann ist zu bemerken, daß es belebte Werkzeuge giebt und leblose, wie das leblose Werkzeug für den Schiffshauptmann das Steuerruder ist, und das belebte der Steuermann. Denn in den Handwerken oder Künsten hat der dienende Arbeiter den Charakter eines Werkzeuges, weil er vom Meister mit Rücksicht auf seine Arbeit in Bewegung gesetzt wird wie das Werkzeug von dem, der es gebraucht. Aehnlich also ist auch im Hauswesen ein zweifaches Werkzeug: ein lebloses, wie das Kleid, das Bett, also überhaupt die besessenen Dinge, und ein belebtes, soweit nämlich beide Arten Werkzeuge dem menschlichen Leben bienen. Die Gesamtheit all dieser Werkzeuge im Hauswesen heißt nun eben der Besitz. Da jedoch der Knecht gewissermaßen ein belebtes Werkzeug ist, so folgt, daß er als ein belebtes Werkzeug bezeichnet werden kann, welches dem menschlichen Leben dient. Ein solches belebtes Werkzeug ist durchaus ein und dasselbe mit dem, was der Geselle oder Lehrling beim Handwerker ist; nur daß der Knecht ein solches Werkzeug zu den häuslichen Verrichtungen vorstellt, welches wieder seinerseits andere Werkzeuge gebraucht und in Bewegung setzt. Dazu nun bedarf der Hausherr seiner Knechte. Die Handwerksmeister nämlich, welche die maßgebende Leitung bei der Arbeit haben, würden keiner Gesellen bedürfen und die Hausherren keiner Knechte, wenn ein jedes leblose Werkzeug auf den Befehl des Herrn und mit Kenntnis desselben von selbst seine Aufgabe vollbringen könnte; wenn also z. B. die Zither von selber spielte, wie man von einer Statue, die Dädalus gemacht, erzählt, daß sie durch geschickt in ihr angebrachtes Quecksilber sich von selbst bewegte, oder wie, nach dem Dichter, in einem Tempel des Vulkan, des Feuergottes, einige Dreifüße durch menschliche Geschicklichkeit so eingerichtet waren, daß sie von selbst ihre Dienste im Tempel verrichteten. An dritter Stelle ist zu bemerken, daß die Werkzeuge in den Künsten und Handwerken etwas herstellen, was außerhalb ihrer selbst ist, was nicht sie selber also sind, wie das Werkzeug, welches die Weber gebrauchen, das Tuch herstellt. Aus den Werkzeugen im Haushalte aber wird nichts weiteres hergestellt, sondern sie werden eben gebraucht, wie z. B. aus dem Kleide und dem Bette nichts von ihnen verschiedenes wird, sondern sie dienen dadurch, daß sie gebraucht werden. Der Gebrauch jedoch bleibt im Dinge, was gebraucht wird. Da also der Knecht zu den Werkzeugen im Hauswesen gehört und nicht wie die Werkzeuge im Handwerke ist, deren Thätigkeit in einem fremden Stoffe zur Erscheinung kommt, wie das Zerschneiden der Säge im Holze, so besteht wesentlich seine Thätigkeit im Gebrauche seiner Fähigkeit. An letzter Stelle ist zu bemerken, daß, da der Knecht im gleichen Verhältnisse zum Herrn steht wie der Teil zum Ganzen, der Teil aber nicht einzig Teil ist, sondern dem Ganzen zugehört, wie die Hand dem Menschen, der Knecht nicht nur einfach Knecht ist, sondern dem Herrn zugehört, soweit die Gemeinschaft des Hauswesens in Betracht kommt.

Danach ergiebt sich die Bestimmung des Begriffs, der mit dem Ausdrucke „Knecht" zu verbinden ist, und zugleich, in welchem Sinne von Natur jemand Knecht ist. Denn da der Knecht nicht sich selbst zugehört, sondern einem andern, so ist derjenige von Natur Knecht, welcher von Natur nicht sich selbst zugehört. Dies ist aber bei jedem Menschen der Fall, welcher der Leitung durch einen andern bedarf. Da es nun zum Wesen eines im Besitze jemandes befindlichen Dinges gehört, daß es ein vom Besitzenden getrenntes Werkzeug ist, dessen Thätigkeit nicht auf etwas außen Herzustellendes sich richtet, sondern im Gebrauche selber besteht, so kann der Begriff des Knechtes folgendermaßen aufgestellt werden: Der Knecht ist ein belebtes, eigens für sich bestehendes und vom Besitzer getrenntes Werkzeug, dessen Thätigkeit im Gebrauche besteht und das nicht sich selbst, sondern einem andern zugehört, jedoch seine menschliche Würde bewahrt. In dieser Begriffsbestimmung wird der Knecht bezeichnet 1. als Werkzeug, und damit die allgemeine, näher zu bestimmende Art angegeben; 2. als belebt, und damit unterschieden von den leblosen Werkzeugen; 3. als ein Werkzeug, dessen Thätigkeit im eigenen Gebrauch besteht, und damit unterschieden von den Werkzeugen der Handwerker; 4. als einem andern zugehörig, und damit wird er unterschieden von dem Freien, der bisweilen im Hause Dienste verrichtet und bisweilen nicht, sowie keineswegs im Besitze des andern befindlich ist, sondern entweder freiwillig oder wegen Lohn arbeitet; 5. als getrennt vom Besitzer, und damit wird der Knecht oder Sklave unterschieden von jenem Werkzeuge, welches wie die Hand mit dem Besitzer verbunden ist; 6. als seine menschliche Würde bewahrend, und damit wird er unterschieden von den Tieren.

Nachdem so der Begriff eines Sklaven festgestellt worden, wird zu untersuchen sein, ob jemand thatsächlich von Natur Sklave oder Knecht ist, und ebenso, ob es für jemand dienlich und gerecht erscheint, daß er diene; ob also alle und jede Knechtschaft von der Natur absieht. Da muß behauptet werden, sowohl daß mancher Mensch von Natur Knecht ist, als auch, daß es für manchen dienlich und gerecht ist, zu dienen. Um die Wahrheit dieser Behauptung darzuthun, bemerken wir: 1. Herrschen und Unterworfensein gehört nicht nur zu den Dingen, welche aus

Notwendigkeit und Gewalt kommen, sondern auch zu denen, die dem Wohle des Menschen nützlich sind. 2. Von Geburt an sind die Menschen verschieden. Die einen nämlich sind dazu veranlagt, daß sie vorstehen, die andern, daß sie unterworfen sind; was aber von Geburt da ist, erscheint mit der Natur gegeben. 3. Es giebt verschiedene Arten des Herrschens und Unterworfenseins, wie z. B. anders der Mann die Frau leitet, anders der Herr den Knecht, anders der König in seinem Reiche. 4. Höher steht immer jenes Herrschen und ist besser, was höhere und bessere Unterworfene hat, wie es ein höheres und besseres Herrschen ist, wodurch Menschen als wodurch Tiere geleitet werden; denn vom Besseren wird ein Besseres vollbracht. Somit ist edler das Herrschen, dem es gedankt ist, daß Menschen Untergebene sind; von Natur also Knecht sein ist bedingt durch ein würdevolleres Herrschen, da infolgedessen der Mensch Menschen gebietet.

Nachdem dies bemerkt worden, beweisen wir, was von uns behauptet worden ist. In allen den Dingen, welche aus mehreren Elementen zusammengesetzt sind, findet sich etwas, was von Natur maßgebend ist, und anderes, was unter diesem steht, wie im Heere, das aus vielen Soldaten besteht, Befehlende und Unterworfene sind, und wie ähnlich im menschlichen Körper Glieder, die mehr Wert, und Glieder, die geringeren Wert haben. Daß dies aber naturgemäß und nützlich ist, wollen wir an den verschiedenen Arten vom Ganzen zeigen. Wir sehen dies bereits in den leblosen Dingen, soweit dieselben ein Ganzes sind, das aus Teilen besteht, wie das Haus aus Steinen. Im harmonischen Gesange sticht z. B. immer eine Stimme als leitende hervor, der sich die anderen unterordnen. Und ähnlich ist im leblosen Körper, der aus verschiedenartiger Mischung der Elemente besteht, eines dieser Elemente das am meisten hervorragende. Ebenso tritt uns dies bei dem Ganzen entgegen, welches der Mensch ist. Derselbe besteht aus Leib und Seele. Von diesen beiden Teilen aber ist die Seele der leitende Teil; dem Körper kommt es zu, geleitet zu werden. Man wende nicht ein, daß bei vielen Menschen der Körper und die Sinne viel mehr als die vernünftige Seele die Leitung zu haben scheinen. Denn um zu beurteilen, was der Natur gemäß ist, muß man nicht das betrachten, worin die Natur verdorben ist, sondern worin sie sich im guten Zustande befindet. In den Menschen nun, bei denen Leib und Geist in gesunder Verfassung sind, erscheint es offenbar, daß die Seele den leitenden Anteil hat und der Körper unterworfen ist. Freilich in den durch Leidenschaften verderbten Menschen, die eine Last sind für die menschliche Gesellschaft, gebietet der Körper oft genug der Seele, insoweit sie das Wohlbefinden des Körpers vorziehen dem Heile der Seele. Zudem erscheint beim einzelnen Menschen selber schon die doppelte Art von Leitung. Die Hände und Füße nämlich, sowie ähnliche Glieder folgen in ihrem Werke sogleich und ohne Widerspruch dem Befehl der Seele, wie der Knecht, der dem Herrn zugehört, dem Befehl desselben nicht widersteht. Die Begierde aber folgt manchmal erst nach Widerspruch dem Verstande, wie die Freien unter königlicher Leitung stehen, sodaß es ihnen zukommt, auch ihre Meinung bisweilen geltend zu machen. Dieser Unterschied kommt daher, daß der Leib einzig von der Seele in Bewegung gesetzt werden kann, und somit ist er ganz auf die Leitung von da aus angewiesen. Die Begierde aber wird nicht einzig von der Vernunft in Bewegung oder in Thätigkeit gesetzt, sondern auch von der Auffassung der Sinne, und dementsprechend ist sie nicht ganz und gar von der Vernunft abhängig. Beide Arten von Leitungen aber sind der Vernunft gemäß und nützlich. Denn natürlich und heilsam ist es für den Körper, daß er von der Seele gelenkt werde; und ähnlich ist es heilsam und naturgemäß dem sinnlichen Teile, daß er von der Vernunft oder vom verständigen Grunde abhängt. Es wäre durchaus ein Nachteil und Schaden auf beiden Seiten, wenn das, was von Natur unterworfen sein müßte, als gleichberechtigt betrachtet würde mit dem, was von Natur die Leitung hat, oder gar wenn es über dasselbe gestellt wäre. Der Körper geht zu Grunde, wenn er nicht der Seele untersteht; und die Begierde ist eine ungeregelte und darum verderbliche, wenn sie nicht der Leitung von seiten der Vernunft folgt.

Wie es aber bei den Menschen sich verhält, so gleichfalls bei den Tieren. Gleichwie es nämlich naturgemäß und nützlich ist, daß der eine Mensch dem andern vorsteht, so stehen die Haustiere, die der Leitung von seiten der Menschen zugänglich sind, gemäß der Natur höher als die wilden Tiere; denn sie nehmen in etwa an der Vernunft, an der Leitung seitens des

Menschen teil. Aber auch allen Tieren ohne Unterschied ist es dienlich, daß sie vom Menschen gelenkt werden, weil sie dadurch in vielen Fällen körperliches Wohl gewinnen, welches sie für sich allein nicht sich verschaffen könnten; wie wenn ihnen reichlich Futter dargeboten wird oder auch Heilmittel gegen Verwundungen. Von Natur auch ist zudem das männliche Geschlecht über das weibliche hervorragend, sobaß der Mann zum Leiten berufen erscheint. Wir meinen somit bewiesen zu haben, daß es ganz und gar der Natur entspricht, wenn unter den Menschen einige leiten und andere unterworfen sind.

Nun bleibt noch zu untersuchen, wie beschaffen jene sind, die von Natur zum Leiten, und die andern, welche zum Unterworfensein berufen erscheinen. Da nämlich von Natur die Seele dem Leibe vorsteht und der Mensch den Tieren, so sind diejenigen naturgemäß die Leiter der andern, welche von diesen letzteren abstehen wie die Seele vom Leibe und wie der Mensch vom Tiere. Das Hervorragen der Vernunft also in dem einen und der Mangel an solcher in dem andern begründet den besagten Unterschied, wie auch Salomon sagt: „Wer wenig Verstand hat, wird dem Weisen dienen". Dann aber sind von Natur Menschen in einer Verfassung, daß sich zu ihnen andere verhalten wie der Mensch zu den Tieren, wie die Seele zum Leibe; wenn nämlich die hauptsächliche Arbeit, die ihnen paßt, die des Körpers ist, und wenn solche Arbeit als das Beste dasteht, was man von ihnen haben kann. Wer also kräftig ist für körperliche Arbeit, dagegen untüchtig für die der Vernunft zukommenden Aufgaben, der ist von Natur Knecht und ihm gereicht es zum Wohle, daß er von Weiseren geleitet wird. Denn er ist kraft seiner Natur geeignet, einem andern zuzugehören, insoweit er nämlich nicht durch die eigene Vernunft geleitet werden kann, durch welche der Mensch Herr seiner selbst und seines Wirkens ist, sondern einzig und allein durch die Vernunft eines andern.

Damit aber kein Mißverständnis entstehe, wollen wir noch darthun, worin der Knecht als solcher mit dem Tiere übereinkommt und worin nicht. Der von Natur dazu veranlagte Knecht nämlich nimmt an der Vernunft insofern teil, als er über den vernünftigen Grund von einem andern belehrt wird, nicht insofern er aus sich selbst den Grund zu seinem Wirken schöpft.

Die Tiere aber empfangen keinerlei vernünftigen Grund für ihre
Thätigkeit in sich, sondern das Gedächtnis bloß an das, was sie
von den Menschen für Uebels gelitten oder was sie für Gutes
erhalten haben, spornt sie aus Furcht oder Liebe zum Dienen
an. Der Mensch demnach, der da von Natur Knecht ist, dient,
weil er von Natur dazu bestimmt ist; das Tier jedoch dient
rein wegen der Eindrücke in seine Sinne, getrieben durch die
Leidenschaften der Furcht oder der Liebe. Was allerdings den
Erfolg angeht, so ist zwischen dem Dienste beider wenig Unter=
schied, nur daß der Knecht in mehrfacher Weise körperliche Dienste
leisten kann wegen seiner Vernunft, die sich auf Verschiedenartiges
erstreckt. Durch Rat oder durch sonstige Werke der Vernunft
kann der Knecht nicht dienen, denn es fehlt ihm eben von Natur,
wie vorausgesetzt, der dazu erforderte Grad der Vernunft.

Daraus erhellt, von welcher Beschaffenheit der Körper der
von Natur dazu bestimmten Knechte und derjenigen der Freien
sein muß. Der Körper des Knechtes muß nämlich stark sein zu
den ihm zukommenden Arbeiten, wie zum Graben im Felde und
Aehnlichem. Der Körper des Freien aber, weil zu zarter Kom=
plexion, ist ungeeignet für solche Arbeiten, dagegen passend für
die Obliegenheiten der bürgerlichen Verwaltung. In der Zeit
des Krieges sind da die Glieder geschmeidig, um zu kämpfen:
in der Zeit des Friedens tüchtig zu den Werken des gemeinsamen
Verkehrs. Obgleich indessen die Natur dazu hinneigt, in solcher
Weise die Körper zu formen, so erreicht sie doch, wie überhaupt
in allen ihren Werken, das Gewollte nicht immer, sondern bloß
in der Mehrzahl der Fälle. Und so kommt es vor, daß jene,
deren Seele die eines Freien ist, den Körper eines Knechtes
haben und umgekehrt zarte Körper manchmal mit wenig fähigen
Seelen vereinigt sind. Allerdings gilt dies eben bloß vom äußer=
lichen Körper. Die inneren sinnlichen Kräfte, wie die Phantasie,
das Gedächtnis, müssen stets der Beschaffenheit der Seele ent=
sprechen, nämlich dem mehr oder minder hohen Grade der Ver=
nunft. Das Gesagte wird von der Erfahrung bestätigt, daß
nämlich die Natur dazu hinneigt, der Seele einen ihr ganz ähn=
lichen Körper zu geben, also einer hochbegabten Seele einen
zarten, wenn auch ausdauernden, einer schlechtbegabten dagegen
einen groben Körper. Denn sehen wir Menschen von höchst

seinem Körper, so sagen wir: Der ist wie ein Engel, wie ein Bild der Götter; und deshalb heißt es beim Dichter: Die Gestalt des Priamus verdient, daß sie herrsche. Was also bei einem sehr großen Unterschiede der körperlichen Gestaltung wahr erscheint, daß nämlich die Natur selber den Körper so zu formen hinneigt, wie er am besten ein Bild der Seele sei; das muß auch seine Geltung haben, wenn geringere Unterschiede in Betracht kommen. Daß aber gewöhnlich vom Körper aus geurteilt wird, wer zu herrschen verdient, kommt daher, weil die Schönheit der Seele wahrzunehmen mit mehr Schwierigkeiten verbunden ist. Wir meinen somit: 1. daß es Menschen giebt, die von Natur zum Dienen, und andere, die von Natur zum Leiten geeignet sind; und 2. daß es den Erstgenannten nützlich und für sie gerecht ist, wenn sie dienen.

Wir haben bereits betont, daß es auch deren giebt, welche leugnen, daß die Knechtschaft oder Sklaverei überhaupt etwas Gerechtes sei. Nachdem wir nun gezeigt, wie es zu verstehen ist, daß einige von Natur zum Dienen und andere zum Herrschen bestimmt sind, schickt es sich, daß wir auch darthun, nach welcher Seite hin die gegenteilige Meinung gerechtfertigt werden kann. Es kommt nämlich noch eine andere Art und Weise, Knecht oder Sklave zu werden, in Betracht: wir meinen die Sklaverei, welche auf ein positives Gesetz sich gründet. Denn beinah unter allen Völkern besteht ein durch Veröffentlichung rechtskräftig gewordenes Gesetz und heißt darum Völkerrecht, wonach die im Kriege Besiegten in die Knechtschaft der Sieger kommen. Beruht ein solches Gesetz auf der Natur oder nicht? Das ist die Frage, welche auch unter den Weisen nicht gleichmäßig beantwortet wird. Viele sind der Ansicht, es sei zu hart, daß jemand bloß deshalb, weil er der Gewalt unterlegen ist, nicht etwa weil er weniger Verstand hat, dem andern diene. Sie halten darum ein solches Gesetz für unnatürlich.

Hier ist nun etwas als sicher anzunehmen und etwas zweifelhaft. Sicher ist, daß diejenigen, welche siegen, wenn nicht der bloße Zufall waltet, in irgend einer Tugend, sei dies die Weisheit oder die Standhaftigkeit oder die körperliche, durch verständige Uebung gestählte Kraft oder eine andere Tugend hervorragen müssen, daß also der Sieg dem Vorwiegen einer Tugend gedankt ist. Als zweifelhaft muß dagegen angesehen werden, ob es gerecht ist, daß infolge des Vorwiegens irgend einer Tugend die Sieger über die andern als über ihre Knechte zu verfügen haben. Da sagen manche, ein solches Gesetz sei durch das Wohlwollen gegenüber den Besiegten diktiert worden, damit dadurch die Menschen zu tapferen Kämpfen angespornt würden, wenn sie fürchten müßten, im Falle der Niederlage die Freiheit zu ver= lieren. Andern scheint, dies selbst sei schon gerecht, daß der= jenige, der besser ist, nämlich nach der Seite hin, nach welcher er als Sieger dasteht, den Vorrang habe und Herr sei. In diesem Sinne sagt Salomon in den Sprichwörtern: „Die Hand der Starken wird herrschen, der Träge aber wird dienen".

Wir glauben jedoch, die sichere Wahrheit werde in dieser Frage nur dann sich ergeben, wenn unterschieden wird zwischen dem Gerechten unter einer gewissen Beziehung, wie es nämlich in den menschlichen Dingen sein kann und wie solches Gerechte das Gesetz bestimmt, einerseits und dem schlechthin Gerechten, was in jeder Beziehung dies ist, andererseits. Vom Gerechten im letzterwähnten Sinne ist hier nicht die Rede. Denn dies ist jenes Gerechte, was gemäß der Natur selber als solches betrachtet wird. Als gerecht gemäß der Natur aber kann man es nicht ansehen, daß alle vom Feinde Besiegten bereits und einzig deshalb Sklaven seien, da es häufig vorkommt, daß die in der Weisheit Hervor= ragenden von der rohen Gewalt, also von solchen, die der Ver= nunft nach tiefer stehen, überwunden werden. Wohl aber liegt da gemäß einer gewissen Betrachtungsweise etwas Gerechtes vor, wenn nämlich auf den Vorteil des menschlichen Lebens Rücksicht genommen wird. Denn es ist dies nützlich sowohl denen, die unterliegen, daß sie in den Stand der Knechtschaft treten, weil sie sonst würden getötet werden, als auch denen, welche siegen, weil sie darum tapferer kämpfen. Die Besiegten nämlich werden von den Siegern geschont und bewahren so, wenigstens als Knechte, ihr Leben; der menschlichen Gesellschaft aber ist es von Nutzen, daß in ihr eine Anzahl tapferer Streiter sich finden, weil dadurch der Bosheit der Schlachten ein Riegel vorgeschoben ist. Hätte allerdings das menschliche Gesetz wirksam feststellen können, wer seinem vernünftigen Geiste nach höher steht, so würde dasselbe, im Gefolge der Natur, bestimmt haben, daß diese herrschen sollen.

Weil dies jedoch nicht möglich ist, so nahm das Gesetz ein gewisses Zeichen des Vorranges in einer Tugend, wie ein solches im Siege liegt, und erklärte, die Sieger sollten als Herren über die Besiegten gebieten. Das ist somit nach einer gewissen Seite hin gerecht, wie nämlich überhaupt ein Gesetz unter Menschen etwas bestimmen kann; es ist aber nicht schlechthin oder bedingungslos gerecht. Trotzdem ist jedoch ein derartiges Gesetz, auch von einem, dem vernünftigen Geiste, nach tugendhaften Menschen zu beobachten; denn das Gemeinbeste, dem dieses Gesetz dient, steht höher wie das körperliche Wohl einer Privatperson.

Daß nun, wie gesagt, das erwähnte Gesetz nichts schlechthin oder bedingungslos Gerechtes sei, geht zuvörderst daraus hervor, daß der betreffende Krieg, in welchem Knechte gemacht werden, ungerecht sein kann. Aus etwas Ungerechtem aber kann sich nicht etwas schlechthin Gerechtes ergeben. Sodann könnten auch Männer von edelstem Geschlecht und von hoher Weisheit zu Knechten gemacht werden. Das aber ist unzukömmlich, zumal solche Männer, für die es unwürdig ist zu dienen, auch verkauft werden könnten, und ihre Kinder ebenfalls, als in der Knechtschaft geboren, Knechte wären. Darum wollen manche, daß dergleichen Männer, wenn sie gefangen genommen werden, nicht Knechte sein dürfen, sondern dies müßte nur Geltung haben für Barbaren (s. ob.). Das scheint sich aber mehr auf die Knechtschaft, die der Natur gemäß ist und von der früher gesprochen worden, zu beziehen, da die Barbaren ja von Natur, der Vernunft nach, tiefer stehen und gerade aus diesem Grunde so genannt werden.

Wenn demnach diese selben Weisen sagen, daß der Freie, Edle dies immer und überall sei und somit niemals dienen könne, so meinen sie offenbar die Freiheit und die Knechtschaft, den Adel und die Niedrigkeit, wie solche durch den vernünftigen Geist in maßgebender Weise bestimmt wird, also von der Natur allein abhängt. Die Menschen nämlich erachten es für natürlich, daß der Sohn eines guten und verständigen Mannes auch gut und verständig ist, daß also in der Tüchtigkeit die Kinder den Vätern ähnlich sind. Und wahr ist es, daß die Natur dazu hinneigt. Denn aus der guten Komplexion und Natur des Körpers kommt es größtenteils, daß die Menschen mehr oder minder zu den Werken der Tugenden die entsprechende Hinneigung haben, wie z. B. solche, die von Natur sanftmütig sind. Diese körperliche Natur aber gerade wird vom Vater auf die Nachkommenschaft fortgepflanzt und somit geschieht dies auch mit den körperlichen Dispositionen, wie Schönheit, Stärke und Aehnliches. Jedoch treten da manchmal Hindernisse dazwischen, sodaß die Hinneigung der Natur ihre thatsächliche Wirkung nicht immer findet. Darum werden von Eltern, die zur Tugend gut disponiert sind, bisweilen gegenteilig geartete Kinder gezeugt, wie auch öfter von schönen Eltern häßliche, und von großen werden hie und da Kinder erzeugt, die klein im Körper sind. Zudem können Kinder, die von Natur gleich den Eltern zur Tugend geneigt sind, durch Unterricht oder böse Gewohnheiten den Eltern unähnlich werden. Wenn demensprechend die Kinder von guten oder adeligen Eltern gut und tugendhaft sind, dann sind sie adelig nach der Meinung der Menschen und zugleich in der Wirklichkeit. Sind aber die Kinder schlecht, so werden sie adelig sein nach der Meinung der Menschen, aber nicht in der Wirklichkeit. Dasselbe gilt im umgekehrten Falle, nämlich wenn die Kinder schlechter Eltern gut sind. Nach der Natur allein kann hier nicht das menschliche Gesetz urteilen; dieser Maßstab ist ihm, größtenteils, verborgen oder kann doch keinen genügenden Grund abgeben für Gesetze, die Dauer haben und auf alle anwendbar sein sollen.

Wer also von Natur geeignet ist zu dienen, und zwar wegen seines geringen Anteils an der Vernunft, der es zukommt zu leiten, der hat Vorteil davon, daß er beherrscht wird, und bringt Vorteil jenem, der über ihn gebietet. Das Gleiche gilt von der natürlichen Anlage zum Leiten. Denn jedem ist es zukömmlich, daß er seinen natürlichen Anlagen folgt. Daher kommt es, daß zwischen solchen Herren und Knechten Freundschaft sein kann; denn beide haben Nutzen voneinander und entsprechen der Natur in ihnen. Wo aber dieses Verhältnis nur durch Gesetz und Gewalt hergestellt ist und nicht die Natur verbindet, da ist keine wechselseitige Freundschaft und es ergiebt sich kein Nutzen daraus, daß der eine als Herr basteht und der andere als Knecht.

II.

Bemerkungen.

Wir heben aus dem eben wiedergegebenen Texte des Aquinaten folgendes besonders hervor:

1. Der allgemeine Fehler in den sozialpolitischen Werken und Gesetzen der Gegenwart ist der Mangel an unumstößlich festen Prinzipien, auf denen die Erörterungen der sozialen Schäden aufgebaut werden. Wie augenblicklichen Bedürfnissen für den Augenblick abgeholfen werden kann, wird untersucht gemäß den gelegentlichen Eindrücken, die man erhalten hat. Nicht nur wird kein Anschluß versucht an die vergangenen Zeiten, sondern nicht selten wird ausdrücklich darin ein Ruhm gefunden, daß die sozialpolitische Wissenschaft als solche eine Frucht des neuzeitlichen Fortschrittes sei. Für die Heilmittel, welche angegeben werden, ist mehr das Gefühl maßgebend, wie die nüchterne Vernunft. Daraus folgt, daß ein beständiger Wechsel in den Ansichten eintritt und daß die Gesetze, kaum sind sie in Kraft getreten, wieder geändert werden müssen. Man nennt das dann „schwierige Materien" und man bedenkt nicht, daß hier nicht Schwierigkeiten vorliegen, sondern Unmöglichkeiten. Die augenblicklichen Verhältnisse, die allein zur Richtschnur genommen werden, ändern sich eben fortwährend, sodaß noch nicht ein diesbezügliches Gesetz fertiggestellt ist, als schon dessen Reformbedürftigkeit erscheint; die Umstände sind eben andere geworden. Dazu kommt, daß, wie Thomas in einem andern Werke sagt, die äußeren Umstände der menschlichen Handlung endlos sind und somit nur insoweit durch ein Gesetz geregelt werden können, als dieselben dem Wesenscharakter der Handlung unterstehen. Gerade aber diesen Wesenscharakter der menschlichen Handlung übersehen die neuzeitigen Behandlungen der sozialen Bedürfnisse fast gänzlich, mögen sie in wissenschaftlichen Werken

niedergelegt sein oder in Gesetzen. Und worin besteht solcher Wesenscharakter?

Im vorliegenden Texte ist derselbe von Aristoteles und Thomas scharf genug betont. Soll das menschliche Handeln, mag es die einzelne Person oder die gesellschaftliche Ordnung zum nächsten Gegenstande haben, nützlich und heilsam sein, so muß es der menschlichen Natur entsprechen. „Das Beste für ein Wesen ist es, gemäß der ihm innewohnenden Natur oder gemäß seiner Wesensform thätig zu sein." Dies ist die feste Norm, nach welcher auch in sozialpolitischen Fragen entschieden werden muß. Mit besonderer Sorgfalt untersucht Thomas bei jedem einzelnen Punkte nach dem Beispiele des Autors, den er erklärt, ob die betreffende Lehre der Zusammensetzung der menschlichen Natur entspreche. Darin findet sich eben das Eigene beim Menschen, daß er aus zwei voneinander verschiedenen und sogar auf den ersten Blick entgegengesetzten Teilen besteht: aus einem rohstofflichen Körper und aus einer ihrer Natur nach unvergänglichen Seele. Durch das Körperliche in ihnen sind die Menschen auf das Ganze der menschlichen Gesellschaft angewiesen, durch die vernünftige Seele ist ein jeder für sich selbständig. Beide Teile sind naturgemäß derart miteinander zum einheitlichen Thätigsein verbunden, daß die Vernunft die leitende Stimme hat. Und weil nicht in allen Menschen der Grad des Vermögens der Vernunft der gleiche ist, so erscheint es der Natur angemessen, daß Menschen zu einem Ganzen geeint sind, in welchem die mehr mit Vernunft Begabten das Beste der andern wahrnehmen und demnach dieselben leiten. Denn zu den wesentlichen Eigentümlichkeiten der Vernunft gehört es, daß sie nicht nur sie selber ist, sondern auch das, was sie erkennt. Der Gärtner ist nicht nur, der Vernunft nach, er selber, sondern zugleich die Pflanze, und deshalb kann er diese so ihrer Natur angemessen pflegen, als ob er an der Stelle der Pflanze wäre; er ist gewissermaßen eine vernunftbegabte Pflanze. Wir sehen darum auch, wie Thomas als Kennzeichen eines naturgemäßen Leitens oft hervorhebt, daß die Leitung auf beiden Seiten zum Besten gereiche: dem Leitenden und dem Unterworfenen, der Seele und dem Leibe.

Die sozialen Gesetze und Erörterungen müssen demnach immer an diesem Probiersteine untersucht werden, um zu finden, ob sie der geraden Linie entsprechen und somit Anwartschaft auf Dauer haben: sie müssen das Ganze befördern und zugleich die Selbständigkeit des einzelnen; d. h. die Vernunft muß derart an ihrer Spitze stehen, daß das Ganze nicht den einzelnen erdrückt, sondern, wie Thomas überaus zutreffend sagt, daß der Unterworfene „mit Vernunft", selbständig, gern „dient", ratione servit. Es ist ein großer Irrtum, zu meinen, das ganze Programm des Sozialismus könne man übernehmen und brauche doch nicht Sozialist zu sein, wenn nur der Vorsteher des ganzen Staates „König" heißt; damit sei der Charakter des Monarchischen gewahrt. Der Charakter des Monarchischen schließt die naturgemäße Gliederung des staatlichen Ganzen ein. Anstatt die Selbständigkeit des einzelnen zu töten, befördert die monarchische Leitung an sich das Beste der Unterthanen; und dieses Beste ist eben die Vernunft als maßgebende Richtschnur des Handelns im einzelnen Menschen. Der monarchische Charakter läßt auch andere wahrhaft leiten; nur behält er dem Monarchen vor, dafür zu sorgen, daß ein Teil im Ganzen nicht überwuchere im Vergleiche zum andern, und daß somit die Erhaltung des Ganzen nicht gefährdet werde. Denn wie im Körper dadurch Krankheit entsteht und am Ende der Tod eintritt, daß ein Saft oder ein Organ zum Schaden des andern überwiegt, so kann der staatliche Zusammenhang nur leiden, wenn einem Teile gestattet wird, vor den andern und zum Schaden derselben sich geltend zu machen. Als demnach die naturgemäßen und deshalb festen und dauernden Prinzipien des sozialen Lebens noch lebendig waren, da wurde auch der Selbständigkeit des einzelnen und den frei geschlossenen Korporationen unter den einzelnen mehr Rechnung getragen. Der Mensch hat das ja in seiner Natur, daß er gern arbeitet und Opfer bringt für das von ihm und seinem Entschlusse Abhängige, worin er also selber etwas zu sagen hat. Er wird um so träger und verliert allmählich die Gewohnheit, selbst zu denken, wenn ihm alles von außenher bestimmt wird. Ein Staat aber ist um so stärker, in je größerem Maße ihn die gewaltigste Kraft im Bereiche des Geschöpflichen, die Vernunft, zugebote steht.

Damit öffnet sich auch der Weg, auf welchem die übernatürlichen Grundsätze des christlichen Glaubens in segensreichste Anwendung treten. Keine Phrase ist unseliger gewesen wie die vom „praktischen Christentum", von einem Christentum nämlich, welches von seiner Wurzel, den geoffenbarten Wahrheiten, abgeschnitten wird und sich bloß auf den Schein von äußerer Werkheiligkeit beschränkt. „Glaubet, was ihr wollt", wird mit dieser Phrase gleichsam gesagt, „aber thut äußerlich nur so, als ob ihr Christum folgtet, so lange wenigstens als den Machthabern Gefahr droht". Einzig das wahre, vom festen inneren Glauben an das Geoffenbarte getragene Christentum hat, vermittels der Natur selber, mit der sozialen Frage zu thun; vermittels der nämlichen Natur, welche durch die Sünde verderbt ist und die ganz und gar zu heilen das Christentum die Aufgabe hat. Die Natur im Menschen ist verderbt, weil die Stimme der Vernunft durch die Eigensucht erstickt wird. Die Vernunft bestimmt den Leitenden, zum Besten der anderen dieselben zu leiten;

und sie bestimmt den Untergebenen, zu folgen, weil so das Beste des Ganzen gewahrt wird. Sie bewirkt in beiden, daß jeder auf diese Weise sein eigenes Beste findet. Die Eigensucht aber bezieht alles einzig auf die eigene Person. Sie hört nur auf die Entscheidung der Sinne und macht demnach den Leitenden zum Tyrannen, sodaß er nach willkürlichem Gutdünken die Thätigkeit des andern mißbraucht; und die Untergebenen entflammt sie zur Begierde, um jeden Preis eine solche Leitung abzuschütteln. Das Christentum stärkt durch seine übernatürlichen Glaubensprinzipien die Stimme der Vernunft, dämmt durch die Gnade der Sakramente den verderblichen Einfluß der Sinne und verhilft so der Natur und ihren Grundsätzen zu erhöhtem Glanze.

2. Es ist wahr, Thomas nennt den Knecht, wie jeden Arbeiter, soweit dessen Aufgabe körperliche Arbeit ist, ein „Werkzeug, das einem andern gehört", quod est alterius. Aber wie kann sich gerade unsere Zeit über diesen Ausdruck so empört zeigen? Oder ist es nicht gerade heutzutage gang und gäbe, wie in den früheren Zeiten, soweit die geschichtlichen Dokumente gefragt werden, niemals, daß über den arbeitenden Menschen gesprochen wird, wie über eine Sache? Das „Menschenmaterial" ist gegenwärtig ganz gleichmäßig im Munde von Fabrikanten, militärischen Befehlshabern und Autoren von naturwissenschaftlichen oder technischen Werken wie das Eisen-, Holz-, Pferdematerial es nur immer sein kann. Man spricht von „Selbstzucht" im gleichen materiellen Sinne wie von Schaf- oder Kuhzucht. Als bloße Nummern gelten die Menschen vielen Anstaltsleitern, geradeso wie die Säcke Weizen nach Nummern gezählt werden. Auf die geistige Spannkraft oder den Unterschied im Grade der vernünftigen Begabung wird keinerlei Rücksicht bei industriellen oder militärischen Berechnungen genommen. Wir sind ja nicht im

mindesten gegen solche Bezeichnungen, die meist durch die Notwendigkeit, sich kurz auszudrücken, und durch das allseitige Ueberwiegen des Maschinellen in der Welt herbeigeführt worden sind. Aber wenn die bezeichnete Sache, daß nämlich dem Körper nach der Mensch Werkzeug eines andern ist, mehr als je heutzutage in die allgemeine Gewohnheit übergegangen ist, warum denn da es den Alten übelnehmen, wenn sie dementsprechende Ausdrücke gebrauchen? Wir denken, der aufmerksame Leser wird doch genugsam empfunden haben, wie Thomas durch den Ausdruck „Werkzeug" in keiner Weise der persönlichen, im Besitze der Vernunft begründeten Selbständigkeit des einzelnen zunahetritt, sodaß wir auf das einzelne nicht einzugehen brauchen. Er ist und bleibt Mensch, nämlich der Sklave, „neben seinem Herrn", homo existens, instrumentum separatum; so heißt es da ausdrücklich; und „er dient vermittels seiner Vernunft", nämlich überzeugt, daß dies auch ihm selber zum Vorteil gereicht. Einzig seine körperliche Arbeit macht er als Werkzeug eines andern, d. h. 1. unter Leitung eines andern, „belehrt darüber, was und wie er es zu machen habe"; und 2. zum materiellen Vorteil eines andern. Das letztere aber ist nicht natürliches Recht, sondern positives, welches je nach den Zeiten wechselt.

Vollends aber ist unverständlich, wie die Sozialisten sich an solchem Ausdrucke stoßen können. Zu ihren Glaubensartikeln gehört es ja, daß der Mensch nichts als ein höher organisiertes Tier ist, und daß von einer Unsterblichkeit der Seele nicht die Rede sein kann. Aber dann fällt von vornherein die ganze Frage nach der Selbständigkeit des einzelnen Menschen und kann der Arbeiter nichts Weiteres beanspruchen, als Werkzeug zu sein. Wer da in der Herde, die man Menschen nennt, als Bock an der Spitze läuft und wer folgt, das ist Ergebnis des Zufalls oder des Schicksals, aber nicht der denkenden Kraft. Ist die körperliche Arbeit allein der Wertmesser dessen, was hergestellt worden, so wird wohl auch den eisernen Maschinen mehr Sorgfalt in der Behandlung gebühren wie den Menschen als Arbeitern, da diese Maschinen mit mehr Sicherheit und ununterbrochener arbeiten.

3. Es ist noch das Verhältnis zu erwägen, welches Thomas zwischen dem natürlichen und dem positiven Gesetze anerkennt. Ueberhaupt enthält ja bei Thomas das natürliche Gesetz nur die allgemeinen Prinzipien des menschlichen Handelns, sodaß an und für sich kein einzelner menschlicher Akt nur und einzig aus dem Naturgesetze sich ergiebt. Um Richtschnur des menschlichen Handelns im einzelnen zu sein, müssen die Prinzipien des Naturgesetzes erst auf den einzelnen vorliegenden Gegenstand angewandt werden; und dies geschieht durch das positive Recht, über dessen verschiedene Abstufungen hier nicht weiter zu sprechen ist. Für uns ist nur die Thatsache bemerkenswert, daß das positive Recht in **manchen Folgerungen** dem Naturrechte widersprechen kann, ohne seine verbindliche Kraft zu verlieren, die es vom Naturrecht hat. Das positive Gesetz selber darf nie dem Naturrecht widerstreiten, sonst ist es Unrecht, wie Augustinus sagt, anstatt Recht. Aber Folgerungen aus ihm, Anwendungen desselben können im einzelnen Falle dem Naturrecht zuwider sein.

Daß der Sieg das Recht giebt, den Besiegten zum Sklaven zu machen, ist positives Gesetz, so sagt oben Aristoteles in seiner Untersuchung. Dieses Gesetz ist aber nur unter dieser Rücksicht ein verpflichtendes, weil es zum Vorteil des Besiegten ebenfalls gereicht. Wo natürliches Recht ist, da muß Gutes folgen, das Wohl des Menschen; denn die Natur kann nichts anderes wollen. Zum Wohle des Besiegten nun gereicht dieses positive Gesetz, weil sonst der

Besiegte getötet worden wäre; das Leben aber zu bewahren, obgleich man zu bienen hat, ist besser für den einzelnen, als desselben beraubt zu werden. Unter dieser Rücksicht also entspricht das erwähnte positive Gesetz dem Naturrecht. Wird nun ein Hochbegabter zum Sklaven gemacht, so widerspricht dies der Natur, daß er biene; denn kraft seiner Vernunft ist er von Natur zum Herrschen oder Leiten berufen. Unter der einen Rücksicht also oder nach der einen Seite des Naturgesetzes ist jenes positive Gesetz in diesem einzelnen Falle widernatürlich; unter der andern Rücksicht aber, der Erhaltung des Lebens, die ein noch höheres Gesetz der Natur ist als der Unterschied von Leitenden und Dienenden gemäß dem Grade der Vernunft, bleibt jenes positive Gesetz auch in diesem einzelnen Falle dem Naturrecht entsprechend. So wird, um von etwas uns Näherliegendem ein Beispiel zu nehmen, das allgemeine Stimmrecht vielleicht von niemand als das der Natur des Menschen angemessenste betrachtet. Denn wie soll es der Natur, die unter den Menschen eine Gliederung oder Abstufung gemäß der Vernunft und anderen daraus folgenden Verhältnissen will, entsprechen, daß das wichtigste Recht eines Staatsbürgers allen gleichmäßig zukomme. Aber mit Rücksicht auf andere Weisen das Stimmrecht zu besitzen und auszuüben oder mit Rücksicht auf die gleichmäßige Anschmiegung an das Ganze oder auch mit Rücksicht auf die Folgen, die es hätte, wenn das einmal eingeführte allgemeine Stimmrecht aufgehoben würde, unter einer ganz besonderen Rücksichtnahme also befreunden sich auch die sonstigen Gegner mit diesem positiven Gesetze. Alle diese Rücksichten lassen sich auf ein höheres, d. h. allgemeineres Naturgesetz zurückführen als die Gliederung in der menschlichen Gesellschaft gemäß den verschiedenen Anlagen und Gaben ist: nämlich auf die Erhaltung überhaupt des Staatsganzen.

Zweites Kapitel.
Die Erwerbsquellen.

1.

Text aus Thomas.

„Ehe wir zu den Erwerbsquellen selber uns wenden, ist zuerst die Wissenschaft zu kennzeichnen, welche darauf sich bezieht, sowie ihr Unterschied von der **politischen** oder Staatswissenschaft und von der **despotischen** festzustellen. Wie schon bemerkt, ist es falsch, nur eine einzige Art zu herrschen oder Menschen zu leiten anzuerkennen. Die Herrschaft über Sklaven oder Knechte ist vielmehr wesentlich verschieden von der Herrschaft über Freie, und somit die despotische Herrschaft von der politischen. Denn stehen die Untergebenen höher, so ist auch die Herrschaft eine wesentlich höhere; da aber Freie eine höhere und bessere Stellung einnehmen als Sklaven, so ist die politische Herrschaft eine wesentlich bessere wie die despotische. Besteht aber eine solche Verschiedenheit in der Herrschaft selber, so findet sie sich auch in den entsprechenden Wissenschaften, da der Gegenstand der Wissenschaften das Wesen derselben bestimmt. Eine weitere Art Leitung, welche jedoch als eine Unterabteilung der despotischen Herrschaft erscheint, ist die **ökonomische**. Denn sie befaßt sich mit allen jenen Personen, die einem Haushalte zugehören; darunter aber sind auch Knechte oder Sklaven. Dadurch also ist die ökonomische Leitung unterschieden von der politischen, daß die letztere Freie und Gleiche umfaßt, die ökonomische aber Freie und Knechte. Daher kommt es, daß innerhalb der politischen Herrschaft die Untergebenen, weil dem Stande nach gleich, manchmal Leitende werden und die Leitenden wieder Untergebene oder auch mehrere an der

Spitze stehen, wogegen in der sog. ökonomischen (industriellen?) Verwaltung immer einer die praktische Leitung hat. Wird gesagt, daß in der letzteren ja auch Brüder leiten können, so ist das bloß einem äußerlichen Umstande gedankt, nämlich daß noch nicht geteilt ist; dem Wesen der ökonomischen Verwaltung zufolge herrscht einer, der Vater, da ja auch die Frau in dieser Beziehung dem Manne unterthan ist.

Danach bemißt sich auch die entsprechende Wissenschaft. Die der despotischen Herrschaft entsprechende Wissenschaft lehrt einerseits, der Knechte sich heilsam zu bedienen; und andererseits, jene Arbeiten gut zu verrichten, die einem Knechte zukommen, wie jemand in Syrakus die Kinder in solchen Arbeiten, wie z. B. die Nahrung zu bereiten, unterrichtete. Es ist das deshalb eine scientia servilis und steht nicht hoch. Von ihr unterschieden sind die freien Künste, die artes liberales. Daß aber diese Wissenschaft, sowohl mit Rücksicht auf den Herrn wie mit Rücksicht auf den Knecht, nicht hoch steht, ergiebt sich schon daraus, daß, wer es kann, sich gern der Sorge um die Knechte und um den ganzen Haushalt entzieht, um bürgerliche Aemter zu verwalten, dem politischen Leben sich zu widmen oder in der Philosophie Kenntnisse zu gewinnen. Er überläßt dann die Sorge für das Haus einem Verwalter.

Eine andere Art Wissenschaft ist nun darauf gerichtet, Knechte oder Besitz zu erwerben. Dies ist die „ökonomische", die wieder in viele Zweige zerfällt. So z. B. dient die Wissenschaft, gerechte Kriege zu führen, auch dazu, Sklaven zu erwerben. Ist aber der Krieg ungerecht, so besteht da kein Recht auf die Gefangenen, nämlich als auf Sklaven. Die Wissenschaft ferner zu jagen dient dazu, Tiere zu erwerben, die im Haushalte zu Diensten verwandt werden.

Nachdem dies vorausgeschickt worden, handeln wir vom Besitze. Da entsteht zuerst die Frage, ob die Kunst, Geld zu erwerben, ganz und gar zusammenfällt mit der Kunst, den Haushalt gut zu verwalten, also mit der ökonomischen, oder ob sie ein Teil davon oder eine ihr untergeordnete sei. Beides, was zuletzt genannt worden, darf nämlich nicht verwechselt werden. Denn eine andere ist die Kunst, die nur auf einen Teil des

Gegenstandes sich richtet, wie die Kunst, ein Messer zu machen, ein Teil der Schmiedekunst ist; und eine andere ist die untergeordnete, welche den Stoff herstellt und dadurch der höheren Kunst dient, wie die Kunst, das Eisen zu gießen, der Schmiedekunst untergeordnet ist. Und weil in doppelter Weise die eine Kunst der andern untergeordnet sein kann, indem sie entweder die derselben nötigen Werkzeuge herstellt, wie z. B. den Weberkamm für die Webekunst oder für die nämliche den Stoff, d. h. die Wolle, oder für die Schmiedekunst das Erz, so werden wir im Rechte sein, wenn wir 1. sagen, daß die Kunst des Gelderwerbes eine der Kunst, gut zu verwalten, untergeordnete und nicht ein Teil derselben sei; und 2. daß diese selbe Kunst nicht sowohl der ökonomischen den Stoff liefert, sondern vielmehr die nötigen Werkzeuge. Danach kommt es der ökonomischen Kunst zu, das, was im Hause Nützliches ist, und somit auch das Geld, gut zu gebrauchen; während es der Geschicklichkeit im Erwerben des Geldes eigen ist, das herzustellen, was gebraucht werden soll. Aehnlich ist die Steuerkunst mit Rücksicht auf das Schiff nicht die nämliche wie die Schiffsbaukunst.

Zudem aber ist zu erwägen, in welchem Verhältnisse die Kunst des Gelderwerbes zu der des Besitzens überhaupt steht. Vieles nämlich wird, abgesehen vom Gelde, noch besessen, und zumal gehört dazu der bebaute Acker, welcher ja eine Quelle auch für Gelderwerb ist. Da muß nun betont werden, daß der Ackerbau wesentlich dazu bestimmt ist, Nahrung darzubieten. Wie nämlich die Tiere im allgemeinen in ihrer Art zu leben sich unterscheiden gemäß der verschieden gearteten Nahrung, so unterscheidet sich die Art und Weise zu leben unter den Menschen vornehmlich nach der verschiedenen Nahrung. Denn die Tiere, welche andere Tiere fressen, müssen kampftüchtig sein und dürfen nicht in Herden zusammenleben, sondern getrennt für sich und zerstreut, sonst würde ihnen die Speise fehlen. Jene Tiere aber, die von leicht auffindbaren Früchten leben, scharen sich zusammen. Und andere wieder haben sowohl Tiere wie auch Früchte, unterschiedlos, als Speise, wonach sich ihre Lebensweise richtet. In jeder Abteilung giebt es dann wieder Unterabteilungen; denn die einen fressen diese Tiere oder diese Früchte und die andern jene, sodaß eine sehr große Mannigfaltigkeit in der Lebensweise sich ergiebt.

Aehnlich nun geht es bei den Menschen: die einen finden Speise, obgleich sie weder arbeiten, noch nach Beute suchen. Das sind die am meisten der Muße sich Erfreuenden. Dazu gehören die Hirten oder Nomaden, die nur diese eine Arbeit haben, daß sie der Herde folgen, wie wenn sie Ackerbauer wären, deren Feld als ein sich bewegendes sich hinstellte. Andere finden Speise durch die Jagd, sei es auf Fische oder auf Landtiere, oder auch, wie die Räuber, auf Menschen. Die dritte Lebensweise ist den meisten Menschen eigen. Danach lebt man von dem, was die Erde hervorbringt. Ueber diejenigen aber, die vom Handel leben, wird später gesprochen werden. Da aber das Leben des Menschen zahlreiche Bedürfnisse hat, vermischen zudem noch viele alle diese Lebensweisen, damit sie haben, was ihnen genügt. Was ihnen auf der einen Seite fehlt, das ergänzen sie, um ihre Annehmlichkeiten zu haben, von der andern Seite her.

Soviel über den Besitz selber. Jetzt behandeln wir den Erwerb und zwar zeigen wir, wie er in der Natur begründet ist und wie die Kenntnis davon zur ökonomischen Wissenschaft gehört. Daß der Erwerb dessen, was man besitzt, in der Natur seine Rechtfertigung hat, sehen wir an der Art und Weise, wie die Natur bei andern sinnbegabten Wesen vorsieht. Bei denjenigen Tieren nämlich, welche Eier legen oder ähnlich kein in seiner Natur vollendetes Wesen unmittelbar zeugen, finden wir, daß von Natur im Ei so viel Nahrung vorhanden ist, als zur Entwickelung des betreffenden Tieres genügt. Bei jenen andern Tieren aber, die ein vollkommen sinnbegabtes, ihnen in der Gattung ähnliches Wesen gebären, wie das Pferd z. B., ist so viel Nahrung vorbereitet, die Milch, wie für eine gewisse Zeit den Jungen nötig ist. Aber auch wenn die Tiere bereits zu einer gewissen Selbständigkeit gekommen sind, sobaß sie für sich leben, hat die Natur alle nötige Nahrung vorgesehen, sobaß die Pflanzen wegen der Tiere sind als deren Speise und die Tiere für den Menschen. Denn wenn auch nicht alle Tiere vom Menschen als Nahrung gebraucht werden, so sind doch fast alle in irgend einer Weise demselben nützlich, sei es, daß sie in ihren Fellen Kleider darbieten oder Stoff zu Waffen und anderen, höchst mannigfachen Werkzeugen.

Da nun die Natur weder etwas unvollendet zurückläßt noch etwas zwecklos macht, so erhellt, daß die Natur Pflanzen und Tiere behufs der Erhaltung des Menschen hervorbringt. Daraus aber folgt, daß, wenn jemand das erwirbt, was die Natur für ihn gemacht, dieser Erwerb ein durch die Natur gerechtfertigter ist. Der Besitz also dessen, was zur Notdurft des Lebens gehört, ist der Natur gemäß, und somit beruht die Jagd, welche die Tiere zu dem Zwecke erwirbt, zu welchem sie die Natur gemacht hat, auf der Natur und ebenso der Ackerbau, welcher im selben Verhältnisse zu den Pflanzen steht, so wie auch der Krieg gegen die Barbaren, die von Natur (vergl. oben) Knechte sind, kraft der Natur gerecht ist, d. h. sowohl den Barbaren nützlich und heilsam, die dadurch unter die Leitung der Vernunft kommen, als auch den Herren, die dadurch passende Werkzeuge für die nötige Arbeit finden. Weil nun die Kenntnis von der Art und Weise, wie erworben wird, sowohl dem staatlichen Leben dient wie der Verwaltung des Hauses, so ist sie sowohl der Staatswissenschaft wie auch der ökonomischen untergeordnet; denn beide bedürfen der Ansammlung alles dessen, was zur Befriedigung der menschlichen Lebensnotwendigkeiten erfordert wird.

Wir ziehen aus dem Gesagten noch eine weitere praktische Folgerung. Wahrer Reichtum besteht nur im Besitze derjenigen Dinge, durch welche dem Bedürfnisse der Natur genügt wird. Ein solcher Reichtum aber ist nicht end- und grenzenlos. Wie nämlich die Schmiedekunst, so wenig als eine beliebige andere, weder endlos viele Hämmer hat noch einen endlos großen, sondern ihre Werkzeuge in Gestalt und Zahl durch den Zweck des Schmiedens gemessen werden, so geht auch der wahre Reichtum nicht ins Endlose, sondern hat seine Grenzen in den Bedürfnissen des Staates und des Hauses, soweit er ein Werkzeug ist, um dieselben zu befriedigen. Freilich giebt es noch einen anderen Reichtum, jener, von dem Solon sagt, daß die Menschen ihm keine Grenzen vorschreiben können; und über diese Art Reichtum wollen wir jetzt sprechen. Zuerst behandeln wir die Natur des Geldes und dann in welcher Weise bei diesem Erwerbe die Natur keine Grenzen zieht.

Sollen wir über das Geld in der rechten Weise handeln, so müssen wir von diesem Prinzip ausgehen: Ein jedes Ding kann in doppelter Weise gebraucht werden und zwar immer dem Wesen des Dinges entsprechend: so nämlich, daß der Gebrauch ein der Beschaffenheit des einzelnen Dinges, zum Unterschiede von den andern, angemessener ist oder daß er allen Dingen ohne Unterschied zukommen kann. Der Gebrauch des Schuhes z. B. ist, soweit der Schuh allein, zum Unterschiede von den andern Dingen, in Betracht kommt, daß er angezogen wird. Der dem Schuhe gemeinsam mit den übrigen Dingen eigene Gebrauch aber ist der, daß der Schuh gegen etwas anderes ausgetauscht wird; und da der Austausch dem Werte des Schuhes entspricht, so ist auch dieser Gebrauch dem Wesen des Schuhes angemessen und nicht zufällig oder von rein äußeren Umständen abhängig. Dasselbe gilt von allen Dingen. Woran der eine zu viel hat, das tauscht er ein gegen das, woran er zu wenig hat. Hat er zu viel Getreide und zu wenig Wein, so tauscht er Wein gegen Getreide ein. Ein solcher Austausch beruht auf der Natur und beginnt mit der Gemeinde oder mit dem Staate, da einerseits der Gegenstand des Tauschens Dinge der Natur sind und das Tauschen selber den Bedürfnissen, die das natürliche Leben stellt, abhilft, andererseits aber, wo bloß die Gemeinschaft im Zusammenleben ist, wie sie das Haus bietet, ein Austauschen nicht möglich erscheint, da der Familienvater alles besitzt und für alle sorgt.

Von diesem natürlichen Austausche ging das Bedürfnis nach Geld aus. Da nämlich der gegenseitige Beistand der Menschen immer weitere Kreise zog und das, woran das eine Land Ueberfluß hatte, bis in ferne Gegenden ausgetauscht werden sollte, und umgekehrt eingetauscht, woran Mangel war, trat die Notwendigkeit ein, Geld zu gebrauchen; denn es war nicht leicht, die Dinge, wie Wein, Getreide u. dergl. in jene fernen Länder bezahlungshalber zu bringen. Da wurde bestimmt, daß etwas gegenseitig gegeben oder empfangen werden sollte, was leicht zu tragen war und doch für sich ebenfalls einen Wert hatte. Derartig nun waren die Metalle, wie Kupfer, Eisen, Silber u. dergl.; denn sie sind an und für sich nützlich, da aus ihnen Gefäße und allerhand Werkzeuge gemacht werden können und sie können leicht in entferntere Gegenden getragen werden, weil ein Weniges von solchen Metallen, infolge ihrer Seltenheit, viele andere Dinge aufwog.

So nehmen Menschen auch jetzt, wenn sie recht weit reisen, anstatt kupferner Stücke goldene oder silberne mit sich.

Zuerst nun wurde der Wert des Metalles rein nach dem Gewichte und der Größe bemessen, wie noch jetzt bei manchen Völkern ungemünztes Geld sich findet. Später, um die Notwendigkeit des Wiegens zu beseitigen, prägte man ein Wertzeichen darauf, sodaß so viel und nicht weniger dafür gegeben wird. Nachdem aber schon das gemünzte Geld in Brauch gekommen war, entstand noch ein anderer Austausch: nämlich der von Geld gegen Geld bei den Wechslern. Der Grund des Entstehens von dieser Art Austausch war ein zufälliger. Es fand sich, daß einer das Geld, welches er aus einem andern Lande mitgebracht, höher verwertete, als er es erworben hatte; und auf Grund dessen bildete sich mit Hilfe der Erfahrung die Kunst aus, daß der Mensch sieht, von welchem Lande die Geldstücke kommen und wie sie ihm den höchsten Gewinn einbringen können. Dies ist die Wechslerkunst. Seitdem man also nach gewissen Regeln Geld gegen Geld austauschte, giebt es eine Kunst des Gelderwerbs, deren Aufgabe und Aeußerung die Erwägung ist, von woher der Mensch eine gewisse Menge Geld sich verschaffen kann. Ihr Zweck ist der Reichtum oder das Geld selber und nicht mehr die Befriedigung der Bedürfnisse des menschlichen Lebens.

Doch das ist kein wahrer Reichtum; denn wenn es dem Könige oder der Staatsgemeinschaft gefällt, verliert das Geld seinen Wert, da es für sich allein nichts beiträgt, um der Not des Lebens abzuhelfen. Und dann ist das kein wahrer Reichtum, bei dessen Besitze man verhungern kann, wie über einen gewissen Midas erzählt wird. Dieser hatte Gott gebeten, alles, was er berühre, möge zu Gold werden; da also auch die Speisen, die er berührte, zu Gold wurden, mußte er verhungern. Reicher demgemäß sind, die in den zum Leben notwendigen Dingen Ueberfluß haben, als jene, die an Geld Ueberfluß besitzen.

Nachdem wir so unsern Unterschied zwischen wahrem und falschem Reichtum begründet haben, bleibt noch übrig, nachzuweisen, wie der letztere, also das Geld des Geldes wegen suchen, außerhalb der von der Natur gezogenen Grenzen ist und somit von der Natur absieht. Dies geht zuvörderst daraus hervor, daß der Gelderwerb um des Geldes wegen kein Ende kennt, die

Natur aber immer für die Mittel, wodurch ihr Genüge geschieht, Grenzen zieht. Wird nämlich das Geld selber als Zweck des Gelderwerbs betrachtet, so tritt da ein, was bei jedem Zweck der Fall ist. Was an und für sich, um seiner selbst willen, als Zweck nämlich erstrebt wird, dies wird grenzenlos verlangt; nur was als Mittel zum Zwecke dienen soll, findet im Zwecke selber sein Maß. So strebt der Arzt mit seiner Kunst so viel Gesundheit zu verschaffen, wie möglich; darin kennt er keine Grenzen, das ist sein Zweck. Aber die Medizin giebt er nicht maßlos, sondern in den Verhältnissen und unter den Bedingungen, wie die Gesundheit das verlangt. Davon ist der Grund, daß der Zweck an sich selber Gegenstand des Begehrens ist, wogegen das Mittel zum Zwecke nur wegen des Zweckes erstrebt wird. Da also das Geld bei der Wechslerkunst an und für sich als Zweck dasteht, so wird es da end= und grenzenlos begehrt; wogegen dasselbe in der ökonomischen Wissenschaft als Mittel betrachtet wird zur guten Verwaltung des Hauswesens oder des Staates und somit in enggezogenen Grenzen da Gegenstand des Strebens ist.

Dem scheint jedoch gegenüberzustehen, daß auch die Leiter eines Hauses oder eines Staates endlos viel Geld besitzen wollen für die zum gewöhnlichen Leben erforderlichen Dinge. Dieser Erscheinung liegt ein dreifacher Mißbrauch zu Grunde. Der erste ist dieser, daß die Menschen sehr oft nicht bemüht sind, nach der Tugend zu leben, sondern nach ihrer Begierlichkeit. Wollten sie nämlich einzig gemäß der Tugend leben, so würden sie mit dem zufrieden sein, was zur Aufrechterhaltung der Natur genügt. Weil sie aber der Begierde folgen wollen, verlangen sie ohne Grenzen nach dem, was der Befriedigung der Begierde dient. Der zweite Mißbrauch besteht darin, daß die Menschen den Gelderwerb, soweit er von den Bedürfnissen des Lebens erfordert wird und demnach zur ökonomischen Wissenschaft gehört, mit jenem Gelderwerbe häufig verwechseln, dessen Zweck das Geld selber ist und der somit von der Natur absieht, weil er kein Maß kennt. Dieser Mißbrauch hängt zusammen mit dem ersten. Denn sie rechnen zu den Bedürfnissen des Familienlebens auch das Uebermaß von sinnlichen Ergötzungen und suchen darum maßlos Geld. Daraus ergiebt sich dann der dritte Mißbrauch. Die Menschen wollen das Uebermaß sinnlicher Ergötzungen be=

friedigen und verbreiten deshalb den Zweck, welchen die Natur den übrigen Tugenden oder Künsten gegeben hat. Die militärische Kunst z. B. hat zum natürlichen Zweck den Sieg, und die ärztliche die Gesundheit, sowie die Stärke geeignet machen soll, mutig den Gefahren, entgegenzugehen. Aber manche wollen mit allem diesem nichts als Geld erwerben. Danach ist wohl die Kunst, Geld zu erwerben, naturgemäß und der ökonomischen Wissenschaft untergeordnet, wenn sie durch den Zweck bemessen wird, das zum Leben Notwendige zu besorgen. Will sie aber nichts als Geld erwerben, so ist sie nicht in der Natur begründet, sondern sieht vielmehr von derselben ab und gehört nicht in die ökonomische Wissenschaft. Verdient nun diese Kunst, Geld um des Geldes willen zu erwerben, bereits gerechterweise Tadel, weil sie keinen Zweck von der Natur aus hat, so ist der Wucher, wodurch das Geld durch sich selber sich vermehrt, um so tadelnswerter, weil im höchsten Grade außerhalb der durch die Natur gekennzeichneten Ordnung. Denn gemäß der Natur ist es, daß Geld aus den Dingen erworben wird, welche die Natur hervorbringt, nicht aber, daß Geld Geld erzeugt. Dementsprechend ist eine Art von Gelderwerb lobenswert; zwei Arten aber von Gelderwerb verdienen gerechten Tadel.

Die Kunst, Geld zu erwerben, hat zuvörderst, soweit das Geld aus den von der Natur erzeugten Dingen gewonnen wird, zwei Teile. Man muß wissen, wo am leichtesten und zu welchem Preise und unter welchen Verhältnissen die Dinge verkauft werden; sodann muß man dieselben in großer Güte und Menge zu erzeugen suchen. Dazu bedarf es der Kenntnis des Ackerbaues, der Jagd, der Bienenzucht u. dergl. Wird aber der Gelderwerb betrachtet, soweit er auf andere Dinge sich richtet, und nicht direkt auf das zum Leben Notwendige, so ist da zuerst der Handel, sei es zu Lande, sei es auf dem Meere, sei es, daß der Wechsel des Geldes erleichtert wird. Ferner ist da das Zinsleihen, wodurch man aus Zinsen eines Kapitals Geld gewinnt. Sodann finden wir Leute, die dadurch Geld erwerben, daß sie ihre Arbeit vermieten. Endlich wird Geld erworben durch das Bearbeiten der Metalle und durch ihr Herausgraben aus der Erde. Dieser Gelderwerb hat mit der ersten, hier erwähnten Art dies gemein, daß, gleichwie beim Ackerbau die Erde den Stoff bietet; mit der zweiten Art aber dies, daß die Metalle nicht gerade zu dem für das Leben Notwendigen gehören, wie der Weizen z. B., sondern bloß für manches, wie für den Häuserbau, nützlich sind.

Will nun jemand in dieser ganzen Kunst sich unterrichten, so kann er dies aus Büchern, wie der Parier Charetes und der Lemnier Apollodorus über den Ackerbau geschrieben haben; oder er kann aus Beispielen lernen. So wird dies über Thales erzählt, denjenigen der sieben Weisen, der sich zuerst mit der Natur beschäftigte, während die übrigen sechs mehr mit der moralischen Regelung der menschlichen Handlungen sich befaßten. Als nämlich dem Thales vorgeworfen worden war, daß ihm seine Philosophie doch wenig nütze, weil er dabei arm bleibe, fand er durch die Sternkunde, in der er erfahren war, daß außergewöhnlicherweise das nächste Jahr die Oelbäume viel tragen würden. Denn gewöhnlich ist nach einem sehr fruchtbaren Jahre ein für Oelfrucht ungünstiges; das Jahr aber, in welchem Thales das fand, war ein überaus fruchtbares gewesen. Er kaufte also in Milet und Chios die Frucht des nächsten Jahres für wenig Geld an, weil man glaubte, es werde wenig wachsen. Als nun die Zeit der Ernte kam und sehr viel Frucht einbrachte, stellte er für die vielen Menschen, die kaufen wollten, den Preis nach seinem Belieben und gewann viel Geld. So zeigte er, daß es für den Philosophen leicht ist, reich zu werden, wenn er nur will; aber das ist nicht ihr Streben. Thales wollte bloß den Nutzen der Weisheit, auch nach dieser Seite hin, darthun. Aehnliches geschah in Sizilien. Dort kaufte jemand zur Zeit des Tyrannen Dionysius aus dem Gelde, das er bei sich aufgehäuft, alles Eisen aus den Minen. Als nun die Händler kamen, verkaufte er allein. Jedoch stellte er den Preis nicht zu hoch, damit er schneller zu seinem Gelde komme. Trotzdem aber machte er aus fünfzig Talenten hundert. Da aber Dionysius hörte, daß dieser so viel Geld habe, befahl er ihm, seinen Staat zu verlassen, und ließ ihn nicht ferner in Syrakus wohnen. Sein Geld durfte er jedoch mitnehmen. Denn daß einzelne Bürger so sehr reich seien, erachten die Tyrannen als keinen Nutzen für sich selber, wie noch später wird erörtert werden. Beide Beispiele belegen die gleiche Lehre, nämlich die vom Monopol. Wir haben sie angeführt, weil es für die Staatsweisen ebenfalls nützlich ist, zu erwägen, wie für die Verwaltung des Staatsganzen das erforderliche Geld erworben werde, zumal wenn der Staat viele Bedürfnisse hat. Deshalb giebt es auch unter den Staatslenkern solche, die in erster Linie darauf sehen, wie sie am leichtesten den Staatsschatz füllen.

II.
Bemerkungen.

Wir betonen aus dem Gesagten folgendes:

1. Die naturgemäßen Prinzipien der Gesellschaftslehre. Der Grund für so viele verderbliche Irrtümer unserer Zeit liegt im Preisgeben der natürlichen Ordnung. Weder wird in der Philosophie genügend Rücksicht genommen auf die selbständige Stimme der Natur, noch in der Kunst, noch in den praktischen Wissenschaften. Man macht sich ein Zerrbild der Natur und danach richtet man seine Grundsätze ein. Der moderne Philosoph stützt sich darauf, wie nach seinem subjektiven Befinden die Natur sein müßte, und zieht daraus seine Folgerungen, die natürlich, weil der eigenen Erfindung entsprossen, anstatt der Wirklichkeit zu entsprechen, ihr nicht selten entgegen sind. Das wird dann „Wissenschaft" genannt, deren Forderungen sich jeder anbequemen soll, wenn auch mit der sicheren Aussicht, morgen das ebenso „wissenschaftlich" verwerfen zu müssen, wie es heute als zweifellos hingestellt wird.

In der Kunst huldigt ja eine ganze große Richtung dem Naturalismus. Etwa deshalb, weil ihre Vertreter die Natur zu Ehren bringen wollen? Weit entfernt; sie übersetzen bloß das in die Praxis, was die Philosophie theoretisch oder „wissenschaftlich" vorträgt. Als Natur fassen sie nämlich nicht jene innere leitende Kraft in den Dingen auf, welche die äußeren Erscheinungen trägt und ein und dieselbe ist in allen Dingen derselben Gattung, somit auch bloß mit der Vernunft wahrgenommen werden kann. Vielmehr sind ihnen die groben, wechselnden, äußeren Erscheinungen selber, für sich und allein, also die Farbe, der Geruch, die Figur und Gestalt Natur. Was Gegenstand der Sinne ist, das halten sie für die Natur des Dinges und setzen sich so in den offenbarsten Widerspruch mit der Wirklichkeit, wonach die Dinge derselben Art und Gattung es in sich haben, daß sie in ihrer Natur übereinstimmen. In den Aeußerlichkeiten ist ja kein Ding das andere; aber in der inneren Natur kommen alle Menschen, wie alle Bäume, Steine u. s. w. überein. Indem diese Kunst nur das Aeußere gelten läßt, wird sie zum Mechanismus und verliert ihre wahren Ideale, welche das Auge nicht sehen, das Ohr nicht hören, das wahre Genie aber als das dem Aeußeren Leben und Richtschnur Spendende ahnen kann. Dadurch wird die Kunst Lüge und Zerrbild, anstatt Wahrheit zu sein und zur Gottähnlichkeit zu führen.

Die praktischen Wissenschaften verhalten sich geradeso wie die Künste. Worauf allein nimmt die Naturwissenschaft selber Rücksicht? Etwa auf die innere leitende Kraft in den Dingen, auf die Natur in ihnen? Die äußerliche Bewegung ist für sie alles. Nichts als Bewegung sind die Erscheinungen der Körperwelt und am Ende diese selbst; nichts als Bewegung ist das Sehen; nichts als Bewegung das Hören; nichts als Bewegung schließlich das Verstehen. Damit aber steht die moderne Naturwissenschaft dem natürlichen Begriffe der Bewegung selber schroff gegenüber. Jede Bewegung verlangt doch einen Träger, auf dem sie sich vollzieht und der notwendig mit Rücksicht auf die entsprechende Bewegung Ruhepunkt sein muß. Wird der Mensch aus einem jungen ein alter, so muß eine Einheit zu Grunde liegen, welche in dieser

Bewegung dieselbe bleibt. Wird aus dem Ei ein Huhn, so sind diese beiden Endpunkte verschieden, aber etwas, was dasselbe bleibt, muß beide tragen. Ist nichts als Bewegung in der Welt und kein absoluter Ruhepunkt, so giebt es eben keine Bewegung, und der Naturwissenschaft mangelt ihr Gegenstand, d. h. alles. Eine endlose Entwickelung ist etwas durchaus Unnatürliches. Zudem muß der Anstoß zu solcher mechanischen Bewegung immer von außen kommen. In Bewegung setzen und in Bewegung sein kann ebensowenig zusammenfallen, wie der Klavierspieler und die Tasten, wie das zu erwärmende Zimmer mit dem Feuer, wie das, was noch zu etwas werden soll, mit dem, was dies bereits ist.

Nun mag bei solchen Wissenschaften und bei den Künsten es noch angehen, daß sie zur Natur in Widerspruch stehen. Mehr oder minder kommt da nur Theoretisches in Frage. Die Prinzipien werden da, oft genug noch, korrigiert durch die eigenen Folgerungen, bei denen, unbewußt, die Wirklichkeit immer wieder durchdringt; denn die Natur kann man mit der Peitsche hinaustreiben, sie kommt stets von neuem zur Geltung. Weit verderblicher aber gestaltet sich der Gegensatz zur Natur oder auch nur das Absehen von ihr in den so recht eigentlich dem menschlichen Handeln unmittelbar dienenden Kenntnissen.

Hier gilt dies vor allem und wird doch am wenigsten beobachtet: „Dem Beginne leiste Widerstand" und das Aristotelische: „Ein kleiner Irrtum in den Prinzipien wird zu einem sehr großen am Ende". Unsere moderne Wissenschaft macht zum ersten Prinzip etwas, was ihr gerade in ihrem jedesmaligen Vertreter gefällt, ein Produkt der Einbildung; sie kümmert sich gar nicht darum, welchen Maßstab die Natur außen giebt. Und so richtet sich auch der Vertreter der sozialen Wissenschaft, oft genug, in erster Linie danach, wie alles sein müßte, wenn er es gemacht hätte. Nicht aber gilt ihm die Richtschnur, welche die Natur der Dinge und zumal der Bestand der menschlichen Natur ausdrücklich zieht; oder doch gilt sie ihm nur in zweiter Linie und somit in gekünstelter Weise. Die Folge ist, daß weder solche Systeme dauern noch die Staaten, welche danach eingerichtet werden. Das Naturwidrige, Gewaltsame dauert eben nicht, sagt das Sprichwort.

Das oben von Thomas nach Aristoteles Ausgeführte bietet einen schlagenden Beleg dafür, wie unnatürlich in den modernen staatlichen Gesetzgebungen die Erwerbsquellen behandelt sind. Thomas ordnet den Handel ausdrücklich dem Ackerbau 2c. unter, nämlich jenen Erwerbsquellen, die in der Natur liegen. Nur soweit das zum Leben Notwendige durch den Boden des eigenen Landes nicht geliefert wird, tritt der Handel, in dieser Grenze, ein. Jenen Handel, der nur „Kapitalbildung" zum Zwecke hat, nennt er unnatürlich, d. h. unsittlich. Das Geld ist von Natur zur Erleichterung des Ein- und Austausches da. Geld als Geld zum Zwecke des Handels machen wollen, heißt ebensoviel als Zweckloses suchen und darum Endloses. Denn der Zweck nur begrenzt das menschliche Handeln; wer aber Geld um des Geldes willen begehrt, wie die Wechsler, der will Geld ohne Grenzen, was des Menschen unwürdig ist. In diesem Sinne bezeichnet Thomas in der Summa den eigentlichen Kaufmannsstand als einen dem Bauern- und Handwerksstande untergeordneten; denn dieser dient direkter den von der Natur gebotenen Bedürfnissen des Lebens.

Wird jemand bei den heutigen Erscheinungen des sozialen Lebens dem Aquinaten unrecht geben? Nach seinen Prinzipien, die ja zugleich die der großen vorchristlichen Philosophen sind, bauten sich die Staaten des Mittelalters auf,

Staaten, die nicht nur Dauer hatten, sondern denen auch unser soziales Elend fremd war, die da unsere sozialen Fragen gar nicht kannten. Die Natur bildete für sie den ersten festen Halt. Für die Erhaltung zumal und den Wohlbestand der das gesellschaftliche Leben bedingenden Stände sorgte die Gesetzgebung, welche zugleich, eben weil sie der Natur treu blieb, viel der persönlichen Initiative der einzelnen überlassen konnte. Heutzutage sucht man die Natur durch Phrasen zu ersetzen. Ist die eine abgenutzt, so kommt eine andere, ebenso nichtssagende, an die Reihe. Nachdem „das freie Ringen der Kräfte", das Manchestertum, verlassen ist, herrscht die Phrase vom „sozialen Königtume", von „Angebot und Nachfrage", von „Versöhnung der Klassen" und ähnlichen. Die Klassen der menschlichen Gesellschaft werden am wenigsten versöhnt, wenn sie verwischt werden. Sie sind in der menschlichen Natur begründet und treten um so schroffer auf, je mehr man sie zurückdrängen will. Jede menschliche Gesellschaft hat ihre Aristokratie, d. h. den leitenden Teil, mag er genannt werden wie er will, und ihre Stände, je nach der Art der Beschäftigung, im Volke. Das ist bei der Monarchie ebenso der Fall wie bei der Republik. Und jeder, der an der Spitze steht, bildet von Natur mit seinen Kindern oder mit seiner Familie eine Einheit, sodaß diese mit ihm fällt und erhoben wird. Revolutionen entstehen, wenn der Stand der Vernunft sich verschoben hat, wenn nämlich in den niederen Ständen sich seit Jahren mehr Vernunft angehäuft als solche in den höhern Ständen, dank fortgesetzter Trägheit und Verweichlichung, sich findet. Die Vernunft ist von Natur, so oder so, immer die maßgebende Kraft. Die Stände und Klassen wechseln mit Rücksicht auf die Menschen, sie werden verschoben; aber sie kehren nach jeder Revolution wieder.

Die Stimme der Natur kann nie unterdrückt werden; wohl aber geht das Werk derer, zum Nachteile der davon Betroffenen, unter, welche diese Stimme nicht beachten. Gegenwärtig hat Handel und Industrie, gegen die Stimme der Natur, im staatlichen Mechanismus die Oberhand. Beinahe würde jener recht haben, der behaupten wollte, alle anderen Stände seien in diesem eingeschlossen. Denn worin erhebt der Handel, d. h. der reine Geldgewinn, nicht sein maßgebendes Scepter; was beugt er nicht unter sich? Die Folgen liegen auf der Hand. Der Ackerbau, also das, wovon so recht eigentlich das Land zehrt, geht langsam, aber sicher zu Grunde. Die Massen konzentrieren sich an wenigen Punkten. Die Schwierigkeit der Ernährung wächst mit Riesenschritten. Kolossale Geldansammlungen und nackte Armut rücken sich immer näher auf den Leib. Die einzige Rettung des Staates wird gesehen im Militär, d. h. in der Gewalt; hat doch ein maßgebender Staatsmann die Armee als die Grundsäule des staatlichen Ganzen bezeichnet und damit zugleich, wenn auch unbewußt, ausgedrückt, daß das staatliche Ganze zum allergrößten Teile aus Verbrechern und Staatsfeinden zusammengesetzt wird. Denn der Apostel sagt vom Fürsten, er trage das Schwert, um das Unrecht zu rächen. Wird der Staat nur durch Zwang zusammengehalten — ein anderer der modernen Staatsmänner wies ja auf die Staats-Zwangsschule als auf die Grundsäule des Staates hin —, so ist damit festgestellt, daß derselbe den naturgemäßen Erfordernissen nicht entspricht. Denn was von Natur etwas ist, das ist dies von innen heraus, nicht unter dem Einflusse des Zwanges. Ohne Zweifel hat demnach die wirkliche Entwicklung des modernen Staates, nach der hier besprochenen Seite hin, den Prinzipien, die Thomas auseinandersetzt, recht gegeben.

2. Daraus folgt, daß der Kampf gegen die pure Kapitalherrschaft, von dem die Sozialisten sprechen, ein durchaus naturgemäßer ist. Das Uebergewicht des Kapitals im Einflusse auf die staatliche Gesetzgebung ist etwas Widernatürliches. Selbst eine bloße Gleichstellung von Ackerbau und Aehnlichem mit dem Gelderwerbe um des Geldes willen wird von der Natur zurückgewiesen. Es steht nur zu fürchten, daß die Sozialisten eine Verwechslung sich zu schulden kommen lassen. Sie verwechseln das Kapital an und für sich mit dem Kapital, das ihnen nicht gehört. Nicht den Kampf gegen das Kapital wollen sie im Grunde, sondern den Kampf gegen die Kapitalisten, die nicht in ihren Reihen sich finden. Dementgegen ist es Pflicht der staatlichen Gesetzgebung, die eigentlich und von Natur bedeutungsvollen Erwerbsquellen an unbedingt erster Stelle zu begünstigen, anstatt im Gegenteil den Ackerbau durch die ihm auferlegten Lasten vorzugsweise zur Entwickelung des bloßen Handels beitragen zu lassen. Die großen Massencentren sind kein Vorteil für einen Staat, wohl aber ein blühender, nicht leicht beweglicher Bauernstand. In welchem Verhältnisse aber stehen heutzutage die Begünstigungen, die großen Städten gewährt, und die Opfer, welche für sie vom Staate gebracht werden, zu den Vorteilen, die der Bauernstand vom Staate hat? Da Gunst, hier im gleichen Maße Last.

3. Interessant ist das Beispiel des Dionysius, welcher „den Giftbaum der Börse", d. h. die reine Kapitalansammlung für seinen Staat für verderblich hielt und deshalb dem betreffenden Handelsmanne befahl, mit seinem Gelde den Staat zu verlassen. Ebenso erwähnenswert ist die Bemerkung des Aristoteles, daß für den Staat es sich zieme, da die Jahre nicht immer gleich sind, zur Ausgleichung der Lebensbedürfnisse gewisse Vorratskammern, einen Staatsschatz,

zu haben. In der Gegenwart will die moderne Staatsweisheit keinen Staatsschatz; dagegen sollen lieber die einzelnen Kapitalisten „die Güter der toten Hand" in ganz unfruchtbarer Weise ansammeln, damit sie stets den Staat in der Hand haben und dieser die Gesetzgebung so einrichte, wie es ihren Geldinteressen entspricht.

Drittes Kapitel.
Die Familie.

I.

Text aus Thomas.

„Nachdem wir bereits über die Art der Leitung gesprochen haben, welche dem Herrn gegenüber den Knechten eigen ist, bleibt uns noch übrig, die väterliche Leitung und die des Mannes gegenüber der Frau zu behandeln. Beide Arten von Leitung sind der Natur gemäß. Denn immer steht es dem von Natur hauptsächlicheren Teile zu, daß er leite. Sowohl aber ist der Mann verglichen mit der Frau von Natur der hauptsächlichere Teil, es sei denn, daß Männer weibische Manieren und einen weibischen Charakter haben, was jedoch nur als Ausnahme betrachtet werden kann, als auch ist der Vater verglichen mit den Kindern von Natur der hauptsächlichere Teil, nicht nur weil er älter ist, sondern zudem weil er nach irgend einer Seite hin, zum mindesten in der Erfahrung, größere Vollkommenheit hat.

Sollen wir nun die Beschaffenheit der erwähnten beiden Arten von Leitungen kennzeichnen, so ähnelt die Leitung, welche dem Gatten zusteht, mehr derjenigen, die ein erwähltes Stadt- oder Gemeindeoberhaupt ausübt; und die väterliche Leitung entspricht besser der königlichen. Denn während der Vater die Fülle der Gewalt über die Kinder hat, jedoch so wie über Freie, die auch widersprechen können, und demnach seine Gewalt der des Königs in seinem Reiche gleicht, besitzt der Mann nicht die Fülle der Macht über die Frau, sondern in den Grenzen, die das Ehegesetz zieht, wie das Gemeindeoberhaupt die Verwaltung gemäß den Gemeindestatuten führen muß. Nur besteht im letzteren Falle dieser Unterschied, daß das Gemeindeoberhaupt über solchen steht, die ihm gemäß der Natur gleichstehen, und daß somit, je nach der Wahl, wer heute Unterthan, morgen Leiter sein und die Insignien tragen kann, die einem solchen zukommen. Dagegen bleibt in der ehelichen Gemeinschaft immer der Mann Mann und die Frau bleibt immer Frau. Was sodann die Aehnlichkeit der väterlichen Gewalt mit der königlichen betrifft, so tritt in der letzteren an die Stelle der väterlichen Liebe und des hervorragenderen Alters die größere Vollendung in der Güte. Der König nämlich kommt von Natur mit den Unterthanen zum mindesten in der menschlichen Gattung überein oder auch, was vorzuziehen ist, in der Gemeinsamkeit des Stammes. Ebenso aber muß von Natur ihn etwas von den Unterthanen trennen, damit seine Gewalt eine naturgemäße sei; und das ist die größere Güte. Denn wäre seine Güte von Natur nicht größer, so würde es ungerecht sein, daß er immer in aller Vollgewalt über die ihm Gleichstehenden geböte. Darin also ist die königliche Gewalt unterschieden von der des Leiters einer Gemeinde, daß die Liebe den König von Natur und somit für immer höher stellt als seine Unterthanen; durch das Gleiche ist sie ebenso von der tyrannischen Gewalt verschieden, denn der Tyrann regiert nicht auf Grund der Liebe, die ihm das Beste der Unterthanen als Regel hinstellt, sondern er regiert um des eigenen persönlichen Vorteils willen.

Diese beiden Verbindungen demnach des Mannes mit der Frau und des Vaters mit den Kindern recht zu regeln, ist die Hauptaufgabe der ökonomischen Wissenschaft, d. h. derjenigen Wissenschaft, die an erster Stelle die Verwaltung der menschlichen Gemeinschaften lehrt. Denn in höherem Grade muß der Mensch achtgeben auf die Menschen, die ihm unterstellt sind, wie auf den äußeren Besitz; und mehr muß er als Richtschnur seiner Thätigkeit die Tugend vor Augen haben, kraft deren die Menschen gut und heilsam leben, als die Geschicklichkeit, mit der am besten der Besitz erhalten und vermehrt werden kann. Soweit aber um Menschen es sich handelt, muß der Leiter mehr sich um die Tugend der Freien kümmern wie um die der Knechte. Davon ist der Grund, daß die leblosen Dinge gesucht werden um der

Menschen willen und die Arbeit der Knechte den Freien dient, der Zweck aber immer an der Spitze stehen muß.

Da tritt uns aber noch eine Frage entgegen: ob nämlich der Knecht nur jene Tugend und Geschicklichkeit hat, kraft deren er seinen Dienst gut verrichten kann, oder ob ihm auch eine höhere, nämlich die moralische, Tugend zukommt, wie die Mäßigkeit, Klugheit, Stärke, Gerechtigkeit. Der Grund für solche Frage ist klar. Denn einerseits werden die Knechte den Freien gleichstehen oder vielmehr sie überragen, wenn sie zugleich die moralischen Tugenden und die Geschicklichkeit für Knechtsarbeiten haben; andererseits aber kommen sie mit den übrigen Menschen darin überein, daß sie mit Vernunft begabt sind und so auch die Tugenden haben müssen, kraft deren allein der Vernunft gemäß gelebt werden kann.

Die Frage kann noch allgemeiner gestellt werden. Wenn der Knecht ebenso Tugend haben muß wie der Herr, die Frau ebenso wie der Mann, das Kind wie der Vater, so wird nicht eingesehen, warum denn überhaupt ein Unterschied zwischen Leitern und Geleiteten, Herrschenden und Untergebenen sein soll; hat doch die Tugend den Zweck, die Menschen gut zu machen, und das nämliche muß die Aufgabe einer naturgemäßen Leitung sein. Andererseits darf man nicht sagen, daß der eine Tugend haben müsse und der andere nicht; denn weder kann jemand ohne Tugend gut leiten, noch, wenn er keine Tugend hat, gut geleitet werden.

Darauf ist zu antworten, daß mit Rücksicht auf die Beschaffenheit der Tugend ein Unterschied gemacht werden muß. Wir können die Art und Weise dieses Unterschiedes am besten der eigengearteten Zusammensetzung der menschlichen Natur entnehmen. Unter den Kräften der Seele sind nämlich solche, welche zum Leiten berufen sind, und solche, die von Natur zu folgen haben. Die ersten wohnen dem vernünftigen Teile des Menschen inne, die an zweiter Stelle genannten dem unvernünftigen oder sinnlichen Teile. Und dementsprechend giebt es Tugenden im vernünftigen Teile, wie die Klugheit, und es giebt Tugenden, die den sinnlichen Teil geeignet machen, gut zu folgen, wie die Mäßigkeit und Stärke. Danach muß man auch über die Tugenden in den leitenden und über diejenigen in den geleiteten Personen urteilen. In verschiedener Weise kommen sie beiden Seiten zu. Denn der Knecht z. B., insoweit er Knecht ist und somit für den Herrn arbeitet, hat, wenn wir auf die Tugend in der Vernunft Rücksicht nehmen, nicht notwendig, über die Arbeiten seines Dienstes zu beratschlagen; denn es ist nicht in seiner Gewalt, sich diese oder jene Arbeit zu wählen, sondern in der Gewalt des Herrn steht es, ihm die Arbeit vorzuschreiben. Der Knecht also hat, als Knecht, gar keine freie Gewalt des Beratens, und somit bedarf er nach dieser Seite hin keiner Tugend. Die Frau dagegen ist wohl frei und hat demnach die Gewalt zu beraten; aber ihr Beraten ist etwas Schwächliches. Die weichere Natur des Weibes nämlich bringt es mit sich, daß sie sich schnell ändert, sei es aus Furcht oder aus Zorn oder aus ähnlicher Leidenschaft. Die Kinder können sich beratschlagen, aber in unvollkommener Weise; denn ihre Vernunft ist noch nicht entwickelt genug, daß sie alle Umstände, die eintreten können, in Erwägung zu ziehen vermöchten. Und so verhalten sich die verschiedenen Menschen verschieden zu dem, was der Vernunft zugehört. Aehnlich verhält es sich nun mit den andern moralischen Tugenden. Alle haben Anteil an denselben, aber nicht alle in der gleichen Weise, sondern jeder, wie die ihm eigene Thätigkeit und deren Zweck es verlangt.

Der Leiter des Staates muß eine ganz vollendete moralische Tugend haben, denn er steht da wie der Baumeister. Er leitet die ihm Untergebenen wie der Baumeister die Handwerker. Er vertritt gewissermaßen die Stelle der Vernunft, die ja auch zu den übrigen Kräften der Seele wie der Baumeister sich verhält. Der Leiter muß somit eine vollkommen durch die Tugend ausgebildete Vernunft haben; ein jeder der ihm untergebenen aber muß so Anteil an der Tugend haben, daß er der Leitung des Vorgesetzten folgen und das ihm aufgetragene Werk vollbringen kann. Es verhält sich damit nicht so, wie Sokrates meinte, daß nämlich Mann und Frau, Herr und Knecht, Leiter und Untergebene alle insgesamt die gleiche Tugend haben müßten. Vielmehr muß im Fürsten die Tugend der Stärke z. B. in der Weise sein, daß er gut, d. h. zum Besten der Unterthanen, leiten kann und demnach, selbst aus Furcht vor dem Tode, nicht das anzuordnen unterläßt, was das Bedürfnis erheischt. In der

Frau aber oder in jedem Unterthan muß die Tugend der Stärke derart sein, daß kraft derselben die Furcht vor dem Tode selber nicht hinderlich ist, das Angeordnete auszuführen. Dasselbe gilt von den übrigen Tugenden. Sie müssen im Leitenden als führende sein und im Dienenden als dienende.

Weil indessen, wer über die Tugend nur im allgemeinen etwas weiß und spricht, wie daß die Seele des Tugendhaften sich gut verhält, nichts anderes thut, wie daß er sich selbst täuscht, müssen wir dem Gorgias folgen, der bei der Behandlung der Tugenden sehr ins einzelne gegangen ist; denn die menschlichen Handlungen vollziehen sich einmal unter dem maßgebenden Einflusse von einzelnen, ganz bestimmten Umständen. Wir erinnern deshalb beispielsweise an das, was ein Dichter über die besondere Tugend der Frau sagt. Zu deren Schmuck und Ehrbarkeit nämlich gehört es, gern zu schweigen; denn das stammt aus der Schamhaftigkeit, die dem Weibe eigen ist. Der Mann muß vielmehr danach streben, daß er gebührenderweise zu sprechen vermag. Das Kind wieder muß seine Tugend nicht so sehr in der Beziehung zu sich selber, wie zu anderen suchen, nämlich im Gehorsam; denn sein Verständnis ist noch nicht hinreichend entwickelt. Aehnlich ist die Tugend des Knechtes, als Knechtes, in seiner Beziehung zum Herrn. Er bedarf, da er zur Befriedigung der notwendigen Lebensbedürfnisse nützlich ist, insoweit der Tugend, daß er nicht wegen des Maßlosen in der Begierlichkeit oder aus Furcht abgehalten wird, das zu thun, was er thun soll.

Man darf da nicht sagen, daß, wenn die Knechte Tugend haben sollen, nämlich moralische und nicht bloß die Geschicklichkeit in den Arbeiten ihres Dienstes, auch die Handwerker zur Tugend verpflichtet seien; kommt es doch häufig vor, daß die Arbeit der Handwerker schlecht ist wegen der Unmäßigkeit oder einer ähnlichen Leidenschaft. Sprechen wir nämlich vom Handwerker, wie wir jetzt sprechen, insoweit der Haushalt oder die Familie in Betracht kommt, so gehört er nicht, wie der Knecht, zum inneren Familienverkehr, sondern bloß die Arbeit, welche er liefern soll. Er bleibt ein guter Handwerker, wenn er z. B. als Schmied gute Messer liefert, mag er auch den Verdienst schlecht gebrauchen. Werden aber Leute mit der Arbeit, die sie liefern, in Dienst genommen, wie ein Knecht z. B.

so kommt ihnen so viel moralische Tugend zu, wie viel dazu gehört, daß sie in ihrem Dienste gut sind und dadurch das innere Familienleben befördern. Sodann ist noch der Unterschied zu bemerken, daß der Mensch von Natur wohl Knecht sein kann, nämlich von Körper stark und von Vernunft schwach; kein Mensch jedoch ist von Natur Schreiner oder Gerber, sondern alle diese Handwerke sind durch die Vernunft eigens erfunden. Die Tugend aber ist dazu da, das in der Natur Liegende zu vervollkommnen und sonach den natürlichen Neigungen zu entsprechen. Daß also jemand ein guter Knecht sei, dazu bedarf er der moralischen Tugend; nicht aber dazu, daß er ein guter Handwerker ist.

Aus dem Gesagten ziehen wir noch eine Folgerung. Bedarf der Knecht der moralischen Tugend und kann die Tugend von dem, der dazu Neigung hat, nur erworben werden durch die Mühe eines, der dazu anleitet, so muß, wie die Bürger durch den Gesetzgeber tugendhaft werden sollen, der Knecht durch seinen Herrn zur Tugend angeleitet werden. Dieser muß ihm zwar nicht die Knechtesarbeiten, wie Kochen und Aehnliches, beibringen; wohl aber muß er ihn unterrichten, wie er die Mäßigkeit übe, die Demut, die Geduld und die andern moralischen Tugenden. Diejenigen also sind im Unrecht, die da sagen, der Herr müsse gegenüber dem Knechte nur befehlen. Nein; vielmehr sind die Knechte mit größerem Eifer zur Tugend anzuleiten, wie die eigenen Kinder. Denn die Knechte haben, vorausgesetzt immer, daß sie von Natur Knechte sind, weniger geistige Anlagen und fassen sonach die Belehrung nicht so rasch auf. Das weitere über die Verbindung von Mann und Frau, sowie von Vater und Kindern gehört dahin, wo von den staatlichen Beziehungen gehandelt werden wird, wie ja der Teil erst dann recht aufgefaßt wird, wenn das Verständnis vom Ganzen da ist.

II.

Bemerkungen.

1. Ein jeder sieht, wenn er den Zusammenhang vor sich hat, welch böswillige Verdrehung des Textes es in sich schließt, wenn in sozialdemokratischen Schriften gesagt wird: Tho-

mas von Aquin lehre, daß „die ein Leben der Lohnarbeit führen oder mit Markthandel sich befassen, nicht tugendhaft sind". Dies ist ja richtig, daß der Aquinate sagt, die Handwerker brauchten gar nicht tugendhaft zu sein und die Knechte bedürften nicht einer vollendeten Tugend. Aber welcher Sinn ergiebt sich aus dem Zusammenhange? Ein Sinn, der für Antisemiten, Sozialdemokraten, Liberale Gegenstand reifen Nachdenkens sein sollte. Für die Bedürfnisse des Lebens in einer Familie oder in einer Gemeinde seien Handwerker notwendig, die ihre Arbeit verstehen, so Thomas; nach der moralischen Tugend werde da nicht gefragt. Ist ein Handwerker oder Lohnarbeiter noch so tugendhaft, liefert aber schlechte Arbeit, so ist er unbrauchbar. Es kann ein Schneider noch so fromm sein; paßt der Rock, den er anfertigt, schlecht, so hat man recht, ihn nicht mehr zu beschäftigen; will anders man naturgemäßen Grundsätzen folgen. Das würde für unsere heutigen Verhältnisse ungefähr folgendes bedeuten. Es kommt nicht darauf an, ob derjenige, bei dem man kauft, Jude ist oder Christ, wenn er nur gute und preiswürdige Ware liefert. Ein Boykottieren von Wirtshäusern oder Geschäften, bloß weil sie nicht sozialdemokratisch sind, ist der Natur zuwider. Man darf bei Auswahl von Staatsbeamten nicht zuerst fragen, ob sie katholisch oder protestantisch sind, liberal oder konservativ, gläubig oder ungläubig, sondern man muß fragen, welche Tüchtigkeiten bringen sie mit für das Amt, um das es sich handelt. Thomas würde jenes System nicht billigen, wonach, gemäß der Gesinnung der zur Zeit Machthabenden, auch die übrigen Beamten gewechselt werden müssen. Wie man beim Schmiede fragt, ob er ein gutes Messer machen kann, nicht ob er gerecht, mäßig, tapfer und klug ist; so soll man bei Beamten nach der Tüchtigkeit in ihrem Fache fragen, nicht nach ihrer politischen und religiösen Gesinnung. Wir brauchen nicht zu wiederholen, daß Thomas bei allen diesen Fragen sich auf den einfachen Standpunkt der Naturgemäßheit stellt und von allem anderen absieht. Daß er von diesem Standpunkte aus, der doch sicher derjenige der modernen sozialen Wissenschaft, nach ihren Worten zu urteilen, sein sollte, unrecht hat, wird wohl niemand behaupten.

Wir erinnern uns bei dieser Gelegenheit, in einer Lebensbeschreibung des Aquinaten eine auf das Vorstehende bezügliche Geschichte gelesen zu haben. Als einmal in einem Dominikanerkloster der Prior zu erwählen war, wurden verschiedene Patres vorgeschlagen. Bei dem einen wurde zu seiner Empfehlung gesagt, daß er sehr fromm sei; Thomas meinte dazu: Möge er für uns beten. Der Vorzug des andern war, daß er schön und wirksam predige; Thomas sagte: Daß er uns predige. Der dritte war durch seine Gelehrsamkeit bekannt; Thomas antwortete: Er soll uns belehren. Endlich wurde die Klugheit eines vierten hervorgehoben; da rief Thomas aus: Er mag uns leiten.

Die Knechte bedürfen der Tugend. Denn bei ihnen kommt nicht einzig die gelieferte Arbeit in Betracht, sondern sie gehören mit zur Familie und sind ein Bestandteil derselben; ein Trunkenbold z. B. als Knecht giebt den Kindern böses Beispiel. Indessen braucht ihre Tugend keine vollendete sein: nicht nämlich eine Tugend, die zu befehlen und zu leiten hat, sondern die bloß ausführen soll. Wir müßten nicht, was dagegen eingewendet werden könnte.

2. Daß ferner der erwähnte Standpunkt des Aquinaten ein berechtigter ist, wird von der allgemeinen Auffassung des Naturgemäßen aus wohl niemand anfechten; denn „die Vollendung des Menschen ist es einmal", wie bereits gesagt, „gemäß der Natur gut zu sein". Nur sollte man dann nicht die mit

unbestreitbarer Folgerichtigkeit gezogenen Schlüsse dieses Gelehrten anstößig finden. Steht von Natur der Mensch als gesellschaftlich veranlagt da, dessen zahlreiche Bedürfnisse nur im Ganzen der staatlichen Gesellschaft naturgemäß befriedigt werden können, so ist folgerichtig in der Absicht der Natur der Staat früher wie der einzelne Mensch, wenn auch im Bereiche der zeitlichen Entwicklung — in via executionis — der einzelne früher ist wie das Ganze des Staates. Stellt der Baumeister ein Haus, der Maler ein Bild, der Komponist eine Symphonie her; so ist jedenfalls als leitende Richtschnur die Idee des Ganzen, also der Zweck des Hauses, der Ausdruck des Bildes, der in der Symphonie zur Erscheinung kommende Gedanke des Künstlers zuerst in ihm. Danach werden die einzelnen Teile bemessen. In der Ausführung der vorgefaßten Idee des Ganzen aber treten zuerst die Teile auf, das Ganze zuletzt. Wie soll es anders beim Staate sein; ist er doch ein gegliedertes Ganzes! Der erste Zweck, den die Natur vorlegt, ist der Staat; die Eingliederung in dieses Ganze darf dasselbe nicht auflösen, sondern soll dessen Aufgabe erleichtern. Kein Mensch sollte vernünftigerweise den Grundsatz, der Staat sei früher als die einzelnen Menschen, die ihn bilden, kurzer Hand beiseite schieben mit den Worten, das sei ein heidnischer Grundsatz, der mit der christlichen Idee von der persönlichen Freiheit nicht vereint werden könnte.

Man verwechselt hier das das Heidentum mit jener gesunden Philosophie, die sich allein vom Lichte der natürlichen Vernunft führen läßt. Gerade unserer Zeit ist es eigen, in die Natur ohne weiteres und als mit derselben identisch die Freiheit einzuschließen und demnach weder der Natur noch der Freiheit gerecht zu werden. Soweit die strikte Natur reicht, geht das Band der Notwendigkeit. Persönlich frei ist jeder Mensch deshalb von Natur, weil er notwendig, also von

Natur in sich das **Vermögen** trägt, die Natur zu seinem persönlichen Besten gebrauchen zu können und danach über derselben zu stehen, wenn auch der Mensch in der Natur nicht die Kraft findet, dieses freie Vermögen zu bethätigen. Von Natur und somit notwendig trägt es der einzelne Mensch in sich, daß ihn nichts in der Natur befriedigen kann. Aber gerade deshalb ist auch innerhalb der Natur nichts, was ihn mit dem sättigenden Gute füllen und somit ihn thatsächlich, im freien Akte, über die Natur stellen kann.

Von Natur ist der Staat früher wie der einzelne Mensch, der ihm zugehört. Aber die Natur ist eben nicht alles im Menschen. Das betont sowohl Aristoteles wie Thomas oft genug. Noch zuletzt hieß es ja im Texte, der Knecht und der Handwerker, beide gleichmäßig und ebenso wie die Herren oder Gebieter müßten um dessentwillen nach der moralischen Tugend streben, weil sie, gleich allen Menschen, an der Vernunft teil hätten; und früher haben wir darauf hingewiesen, wie bei der Begriffsbestimmung des Knechtes oder des Sklaven dabei steht, daß dieser, trotzdem er der Arbeit nach ein Werkzeug ist, doch Mensch bleibt, homo existens, sowie auch Thomas bei der Erklärung betont, daß diese Begriffsbestimmung des Knechtes nicht auf den vernünftigen Teil im Menschen, auf das rationabile, sich bezieht. Die Natur ist in der gesunden Philosophie, wie sie Aristoteles und Thomas vertreten, nicht alles im Menschen. Neben ihr, resp. über ihr steht die freie Vernunft eines jeden; also das, wonach jeder einzelne Mensch das Ganze des Staates zum Besten des letzten Endzweckes benützen kann, wie er diesen Endzweck persönlich auffaßt. Da steht der König auf derselben Stufe wie der Knecht. Der König dient als Glied des Staates dem Ganzen wie der letzte seiner Unterthanen. Damit das Ganze eben bestehe, ist der König sowohl wie der Sklave notwendig, d. h. der Befehlende wie der Gehorchende. Dieses Ganze ist im Bereiche der Natur. Und die Natur wiederum steht bei jedem Menschen als Werkzeug der persönlichen Freiheit da, als Mittel, den von der Vernunft im einzelnen gekennzeichneten Zweck zu erreichen. Wie aber kennzeichnet selbigen die Vernunft? Im Bereiche der natürlichen Kraft, welche sie aus den sie umgebenden sichtbaren Dingen schöpft, sagt sie mit aller Bestimmtheit, daß kein Ding in der Welt den letzten Endzweck des Menschen vorstellen könne, denn der Mensch sei von Natur nie zufrieden, was auch immer er verstehe, das zeige ihm die Aussicht auf mehr. Die natürliche Vernunft sagt dem einzelnen Menschen, er sei an nichts in der Natur, als an seinen letzten Endzweck, gebunden, und dementsprechend sei er f r e i von der natürlichen Notwendigkeit. Die rein natürliche Vernunft, um die es sich hier handelt, sagt dem Herrscher, er solle sich bei diesem Vorzuge des Herrschens nicht beruhigen. Sie treibt ihn weiter, daß er immer mehr zu herrschen strebe, wenn sie, die Stimme der Vernunft, durch die Leidenschaft gedrückt ist. Sie wendet ihn zum Besten der Unterthanen, daß er sich nämlich nur als ein Werkzeug für deren persönliches Wohl betrachte, wenn sie als reine Vernunft sich erhebe.

Darum sagte oben unser Autor nach Aristoteles so schön, — wer hört heute so etwas von unseren Soziapolitikern! — der hervorragende Vorzug der Könige, die dies von Natur sind, müsse „die Güte" sein, sodaß ihnen darin die andern nicht gleichkämen. Das sind allerdings keine Könige, die sich nur an der Spitze der Soldaten wohl fühlen. Diese selbe Stimme der Vernunft aber sagt dem geringsten Unterthan, er sei ein Glied im Ganzen, soweit er gehorche. Und erfüllt er seine Pflicht, so werde ihm, kraft seiner persönlich-vernünftigen Würde, das Ganze zum Erreichen seines eigenen endgültigen Wohles dienen. So weit geht die natürliche Stimme, der Vernunft und nur diese kommt jetzt in Betracht. Thomas weist, wie Aristoteles, immer auf das Gegengewicht der Natur und somit des staatlichen Ganzen als des Vorhergehenden, nämlich auf die persönliche Vernunft hin, in der alle Menschen einander gleichstehen, insoweit alle durch die Vernunft frei sind von dem Bande der Notwendigkeit, das die Natur um alles ihr Unterworfene zieht. Er thut dies besonders im folgenden, wo er diejenigen bekämpft, die den Kommunismus über alle gebührenden Grenzen ausdehnen, die also die Freiheit durch die Natur ersticken, welche die persönliche Freiheit in der Natur und dem Notwendigen, das ihr innewohnt, aufgehen lassen.

Viertes Kapitel.
Widerlegung des Kommunismus.

I.

Text aus Thomas.

„Nachdem wir nun über die Elemente gehandelt haben, aus denen der Staat zusammengesetzt wird, nämlich vor allem über die häusliche Gemeinschaft, wollen wir das auseinandersetzen, was so recht eigentlich zur staatlichen Gemeinschaft gehört. Und zwar legen wir zuerst die Meinungen der anderen Autoren vor und jene staatlichen Anordnungen, die bereits von einigen Staaten erprobt sind. Aus dem Vergleiche wird dann hervorgehen, was in der Leitung eines Staates recht und nützlich ist. Im allgemeinen sei jedoch vorbemerkt, daß die Zufriedenheit und das möglichste Wohlbefinden der Menschen in einem Staate an erster Stelle die Vorzüge desselben ausmacht. Da nun der Wille des Menschen und somit seine Zufriedenheit vor allem vom Zwecke abhängt, den er als Richtschnur des ganzen Lebens betrachtet, so wird sich je nach dem Zwecke des menschlichen Lebens, den die einzelnen Weisen und Gesetzgeber festhalten, auch ihre Ansicht über die Erfordernisse zur Herstellung eines vorzüglichen Staates richten.

Denn wer da meint, der Zweck des menschlichen Lebens sei das sinnliche Ergötzen oder die Macht oder die Ehre, wird der Ansicht huldigen, jener Staat sei am besten eingerichtet, in welchem die Menschen ein Leben voll Ergötzen führen oder viel Geld erwerben oder hohe Ehren erreichen oder über viele gebieten können. Wer aber den Zweck des menschlichen Lebens in jenem Gute sieht, was der Lohn der Tugend ist, erachtet, jener

Staat sei den übrigen vorzuziehen, welcher das friedliche Zusammenleben und demgemäß die Uebung der Tugend am wirksamsten fördert. Das also ist an die Spitze zu stellen und für unbedingt wahr zu betrachten, daß nach allen, wie auch immer sie heißen, jene Verfassung des Staates die beste ist, in deren Grenzen der Mensch seine Wünsche für das Leben befriedigt sieht.

Zukömmlich aber ist es jetzt, daß wir zuerst über das sprechen, was, dem Wesen der staatlichen Gemeinschaft nach, vor allem anderen sich als Gegenstand der Behandlung darbietet. Da nun der Staat vor allem eine Gemeinschaft ist, müssen wir zuerst fragen, ob denn die Bürger alles gemeinsam haben müssen oder ob ihnen nichts gemeinsam sein dürfe, oder endlich auf welche Dinge die Gemeinschaft sich erstrecken solle und auf welche nicht. Die Antwort auf den einen Punkt ergiebt sich von selbst und somit kann derselbe von vornherein ausgeschieden werden. Denn zum mindesten haben die Bürger den Ort gemeinsam, der vom Staate oder von der Stadt eingenommen wird. Also das fällt als unmöglich fort, daß die Bürger eines Staatswesens gar nichts gemeinsam haben. Was aber den ersten Punkt anbelangt, so ist es ebenfalls offenbar, daß in allen persönlichen Eigenheiten oder Vorzügen die Bürger keine Gemeinschaft haben, wie z. B. jeder die eigenen körperlichen Gliedmaßen besitzt. Also ist auch unmöglich schlechthin alles den Bürgern gemeinsam. Eine Frage aber ist es, ob denn in den Frauen und Kindern und deren Besitze Gemeinsamkeit sein sollte. Dies wird in der „Politik" des Plato in bejahendem Sinne entschieden. Dort sagt nämlich Sokrates, daß allen Bürgern im Staate der äußere Besitz gemeinsam sein müsse, und ebenso die Frauen, wonach also unterschiedslos ein jeder mit allen beliebigen Frauen sich verbinden könne. Daraus ergiebt sich, daß auch die Kinder gemeinsam sind; denn es würde ungewiß bleiben, wen dieses bestimmte Kind zum Vater hat. Letzteres berührt Plato im Anfange des Timaeus. Dementgegen wollen wir zeigen, daß die Ursache, welche Sokrates für diese seine Ansicht von der unbedingten Gemeinsamkeit anführt, der Vernunft zuwider ist; dann, daß durch eine derartige Gesetzgebung der Zweck des Staates nicht erreicht wird; und schließlich, daß aus solcher Gesetzgebung viele Unzukömmlichkeiten sich ergeben. Einen vierten Punkt übergehen wir als etwas Selbstverständliches. Sokrates hat nämlich nicht ausreichend die Sache behandelt; denn er lehrte nicht, in welcher Weise die Frauen, die doch gemeinsam sein sollten, zum thatsächlichen Gebrauche verteilt werden würden.

Die Ursache, welche den Sokrates für seine Annahme bestimmte, war das von ihm als feststehend betrachtete Prinzip, daß der Staat besto besser ist, je mehr er in der Einheit aufgeht. Damit die Bürger im höchsten Grade geeint seien, sollte unter ihnen Güter= und Weibergemeinschaft herrschen. Dieses Prinzip aber ist falsch und somit die den Sokrates zu seiner Ansicht bestimmende Ursache vernunftwidrig. Denn zuvörderst könnte offenbar die Einheit im Staate so weit gehen, daß kein Staat mehr bestände. Also darf nicht als Prinzip bedingungslos aufgestellt werden, daß, je inniger die Einheit, desto besser der Staat ist. Dies aber kann niemand leugnen, daß eine zu weit getriebene Einheit den Begriff des Staates auflöst; ist doch der Staat seinem Wesen nach eine Vielheit, die Vielheit aber steht im Gegensatze zur Einheit. Wenn demnach die Einheit im Staate weiter geht als sie soll, so besteht nicht mehr ein Staat, sondern was man Staat nennt, ist in Wahrheit ein Haus oder eine Familie. Und wird im Hauswesen die Einheit weiter getrieben als es sich gebührt, dann haben in Wirklichkeit wir nicht mehr ein Haus, sondern einen einzigen Menschen. Wenn also auch jemand dies machen könnte, daß in einem Staate die Einheit so groß wäre wie die in einem Haushalte, so dürfte er dies nicht thun; will anders er nicht den Staat zerstören. Nun könnte jemand dagegen einwenden, daß Sokrates mit seiner Einheit nicht die Vielheit der Personen ausschloß, die allein zur Bildung eines Staates gehört, sondern einzig jene Vielheit nicht wollte, die aus einander unähnlichen Teilen besteht. Doch das ist ein Irrtum. Der Staat ist, seiner Natur nach, nicht eine bloße Vielheit der Personen, sondern er entsteht aus der Zusammengehörigkeit verschiedener Stände, d. h. aus Personen, die mit Rücksicht auf ihre Beschäftigung und ihre Lage einander nicht ähnlich sind. Man darf nicht den Staat mit einem Heere verwechseln, in welchem eben nur Soldaten sind und wo deshalb die größere Anzahl von Personen in die Wagschale fällt. Auch ist der Staat kein Arkadien, wo die

Menge nicht nach verschiedenen Vierteln oder Flecken, als den Wohnungen der einzelnen, unterschieden wird, sondern wo jeder getrennt für sich allein wohnt, ohne um den andern sich zu kümmern. Da sind allerdings alle einander in ihrem Stande ähnlich. Der Staat ist vielmehr ein vollkommenes Ganzes. Das sehen wir aber in der Natur vor uns, daß das vollkommene Ganze aus einander unähnlichen Teilen besteht, wie der menschliche Leib z. B. aus Knochen, Fleisch und Nerven. Wo in der Natur ein unvollkommenes Ganzes sich findet, da sind die dasselbe zusammensetzenden Teile einander ähnlich; wie z. B. dies beim Wasser, bei der Luft oft der Fall ist. Wenn also die Unähnlichkeit der Bürger, ihrem Stande und ihrer äußeren Lage, nach fortgenommen wird, so ist da nicht mehr das vollkommene Ganze des Staates. Darum haben wir im 5. Buche der Ethik gesagt, daß der Staat erhalten wird durch das Gleichgewicht der verschiedenen Klassen der Bevölkerung, wonach nämlich jeder Klasse die Berücksichtigung wird, welche sie verdient; und wird die eine Klasse nach der einen Seite hin einmal bevorzugt, so muß die andere, dieser entgegenstehende Klasse, durch etwas Gleichartiges in ihrer Weise entschädigt werden.

Auch unter einem andern Gesichtspunkte betrachtet, darf die Einheit im Staatswesen nicht schrankenlos erstrebt werden. Denn es bedarf der Staat, soll anders er als Staat bestehen, sowohl solcher, die leiten oder herrschen, als auch solcher, die unterworfen sind; sei es, daß der Leiter immer derselbe ist, was in höherem Grade dem Staatsbesten dient, vorausgesetzt freilich, der betr. Leiter habe von Natur die hervorragendsten Geistesgaben; sei es daß die, welche, an der Spitze der Verwaltung stehen, für eine gewisse Zeit gewählt werden und so möglichst alle, nach und nach, zum Leiten berufen werden, was gerecht ist, wenn alle gleichmäßig es durch ihr Talent und ihre Betriebsamkeit verdienen. Da also in jedem Falle, mag in dem einen Staate derjenige, der eine Zeit hindurch leitet, dann wieder untergeben sein oder mag in dem anderen Staate der nämliche immer an der leitenden Spitze verbleiben, da also, sagen wir, in jedem von beiden Fällen die Verschiedenheit unter Leitenden und Geleiteten besteht und bestehen muß, soll anders der Staat nicht zu Grunde gehen; so ist offenbar, wie der Staat nicht seinem Wesen gemäß danach drängt, daß alle seine Glieder sich ähnlich seien und so die größtmögliche Einheit herrsche. Vielmehr zerstört das, was man als das größte Gut des Staates bezeichnet, nämlich die größtmögliche Einheit, den Staat.

Endlich geht das Gleiche aus dem Zwecke des Staates hervor. Dieser besteht, wie bereits gesagt, darin, daß die Staatsgemeinschaft allen Bedürfnissen des menschlichen Lebens gerecht werde. Dies aber ist doch offenbar, daß ein Hauswesen im höheren Grade geeignet ist, den menschlichen Bedürfnissen entgegenzukommen, wie ein einzelner Mensch. Wenn aber das, was im minderen Grade Eines ist, mehr die Bedürfnisse des menschlichen Lebens befriedigen kann, so bleibt es vorzuziehen, daß der Staat, der ja allen Lebensbedürfnissen seiner Bürger genügend abhelfen soll, eine mindere Einheit habe; mit andern Worten, daß da Bürger von allerhand, untereinander verschiedenen, Anlagen und Talenten sich finden, von denen der eine nach dieser, der andere nach jener Seite hin nützlich sein kann. Somit ist es falsch, was Sokrates lehrt, daß der Staat am besten sei, wenn er der höchsten Einheit, d. h. der durchgreifendsten Aehnlichkeit und Gleichheit seiner Bürger sich erfreut.

Wir gehen zum zweiten Punkte über, nämlich zum Nachweise, daß die höchste Einheit im Staate, wie sie Sokrates will, durch seine Güter- und Weibergemeinschaft gar nicht erreicht werden kann, auch wenn eine solche Einheit das Beste des Staates ausmachte. Zuvörderst machen wir auf einen Irrtum in der Sprach- oder Denkweise des Sokrates aufmerksam. Sokrates nämlich meinte so: Wenn alles Gemeingut ist, dann könnten alle sagen: Das ist mein. Wir sagen: Wenn alles gemeinsam ist, dann kann niemand sprechen: Das ist mein. Sokrates spricht im höchsten Grade zweideutig. Sage ich nämlich: Alle können sagen: Das ist mein, so kann ich dieses „Alle" im distributiven Sinne verstehen, sobaß es bedeutet, ein jeder von diesen „Allen" kann sagen: Das ist mein; oder ich kann diesen Ausdruck im kollektiven Sinne verstehen, sobaß er heißen soll: Das gehört allen zusammen. Im erstgenannten Sinne verstand es Sokrates. Derselbe sah nämlich, daß im Staate deshalb Streitigkeiten entstehen, weil der eine für den ihm zugehörigen Besitz sorgt und der andere für anderes, was er als eigen beansprucht, sobaß die Mühen der Menschen auf verschiedenes gehen. Wenn aber alle mit Bezug auf ein und dieselbe Sache sagen könnten: Diese ist mein, so würden die Mühen aller auf ein und denselben Gegenstand sich richten und dadurch viel erreicht werden. Wäre dies wahr, so dürfte vielleicht Sokrates recht haben; denn jeder würde z. B. ein und denselben als seinen eigenen Sohn lieben und ähnlich ein und dieselbe Frau als die eigene Gattin, so wie jeder ein und denselben Acker als den eigenen besorgen würde. Aber diese Unterstellung ist grundfalsch. Es besteht da dieselbe Zweideutigkeit, wie wenn jemand auf zwei Dreiheiten hinwiese, die rechts und links sich finden, und sagte: Beide sind eine gleiche Zahl. Werden nämlich beide Dreiheiten zusammengenommen, kollektiv, so ist das eine gleiche Zahl: 6. Werden beide aber, eine jede für sich, distributiv, genommen, so ist der Satz falsch; auf beiden Seiten ist dann eine ungleiche Zahl. Ganz ähnlich verhält es sich hier: Alle können sagen: Das ist mein. Gilt dieser Satz so, daß jeder für sich, distributiv, sagt: Das ist mein, so besteht da ein Widerspruch; denn damit selber, daß der eine für sich, getrennt von den andern, sagt: Das ist mein, ist das Betreffende nicht dem andern zugehörig, und sonach können nicht alle sagen: Das ist mein. Gilt aber der Satz so, daß dieser Ausdruck „alle" für alle insgesamt steht, kollektiv, so enthält er etwas dem Staate Unzukömmliches.

Die Ansicht des Sokrates ist im letztgenannten Sinne dem Staate nicht nur keineswegs nützlich, sondern bringt ihm positiven großen Nachteil. Das sehen wir nämlich alle Tage, daß um das, was vielen gemeinsam gehört, wenig Sorge getragen wird. Vielmehr kümmert sich der Mensch am meisten um jenes, was ihm allein als eigen zugehört. Beim gemeinsamen Eigentum denkt jeder, der andere wird das schon besorgen; und so wird es von allen vernachlässigt. Es geht da wie in einem Hause, wo viele Diener sind und wo, gerade deshalb, manchmal der Dienst ein schlechterer ist; denn während der eine denkt, das habe der andere bereits gethan, denkt dieser, das wird schon von dem ersten gethan werden. Bei Sokrates aber handelt es sich nicht bloß um äußeren Besitz, sondern auch um die Kinder. Jeder Bürger würde da, sagen wir einmal, 1000 Kinder haben, und da so viele da sind, denen die Sorge für dieselben obliegt, würde der eine diese Sorge vom andern erwarten und dadurch die Erziehung der Kinder vernachlässigt werden zum größten Nachteil des Staates.

Es kommt dazu, daß eine solche Gemeinsamkeit der Kinder, wonach jeder Bürger von jedem Kinde sagt: Das ist meines, der Freundschaft schadet. Denn der Mensch liebt in höherem Grade den Sohn, welchen er erzeugt hat, als denjenigen, von dem sich alle anderen auch als Vater bezeichnen. Dasselbe gilt dann von der Blutsverwandtschaft, die da berufen ist, festere Bande herzustellen als es die Gemeinsamkeit der Frauen und Kinder thun kann. Endlich ist diese ganze Gemeinsamkeit der Kinder, auch bei der Ansicht des Sokrates, zwecklos. Sokrates nämlich wollte den Unterschied vermeiden, daß der eine von diesem sagt, er sei sein Sohn, und der andere von jenem. Er meinte, daraus entständen Streitigkeiten. Aber dieser Unterschied kann gar nicht vermieden werden. Denn bereits die Aehnlichkeit verrät sehr häufig, wer der Vater oder die Mutter dieses bestimmten Kindes ist. So erzählen diejenigen, welche die verschiedenen Gegenden der Erde beschrieben und die da reisen, um zu wissen, bis wie weit diese runde Welt bewohnt ist, von einem Stamme im oberen Lydien, in welchem Weibergemeinschaft herrscht, daß die Kinder da gemäß der Aehnlichkeit verteilt werden. Jeder von den Männern nimmt als Sohn denjenigen mit sich, der ihm ähnlich ist. Aus diesem allem geht hervor, daß Sokrates durch eine seinen Ansichten entsprechende Gesetzgebung das selber gar nicht erreichen würde, was er sich davon verspricht: nämlich die größte Einheit, das gänzliche Aufgehen des einzelnen Menschen in den Staat. Die Weiber- und Güter- und Kindergemeinschaft würde nicht hindern, daß trotzdem Privat- oder persönliche Zuneigungen in den Menschen sind, welche sie voneinander trennen.

Nachdem Aristoteles bis jetzt dargelegt hat, daß die größtmögliche Einheit für den Staat nicht das Beste ist, und daß zudem die Weiber-, Kinder- und Gütergemeinschaft nicht die größtmögliche Einheit zur Folge hat, geht er dazu über, die Unzukömmlichkeiten zu besprechen, welche einer Gesetzgebung, wie sie Sokrates gern haben wollte, entspringen müssen.

Zuerst kann es gar nicht vermieden werden, daß in einem solchen Staatswesen Schlägereien und Morde vorkämen; mögen zufällige Gründe dieselben veranlassen oder mögen sie durch Haß und Feindschaft erzeugt werden. Es ist aber in höherem Grade unzukömmlich, daß ein solcher Streit und Zank oder selbst Mord unter Verwandten oder gar zwischen Vater und Kind ist, wie wenn sich Personen, die einander fremd sind, beschimpfen. Denn bei blutsverwandten Personen neigt die Natur in ihnen bereits zur Freundschaft und gegenseitigen Liebe hin. Da nun im Staate des Sokrates Weiber und Kinder gemeinsam sein sollen, so würden häufig dergleichen Schlägereien, Verwundungen oder selbst Mordthaten zwischen blutsverwandten Personen vorkommen, selbst zwischen Vater und Kind, da ja niemand mit voller Gewißheit seine nächsten Verwandten, die Eltern sogar ihre Kinder nicht und umgekehrt, kennt. Also würde in einem solchen Staate häufig die Hinneigung der Natur selber verletzt werden, was im höchsten Grade unzukömmlich ist.

Ungeziemend muß es ferner genannt werden und gegen die Natur gerichtet, wenn die Söhne mit ihren Müttern, die Väter mit ihren Töchtern sich ehelich verbinden. Das könnte aber ebenfalls nicht vermieden werden, da ja niemand weiß, wer sein Vater oder seine Mutter, wer sein Sohn oder seine Tochter ist. Das Unehrbare, was hier vorliegt, hat Sokrates selbst gefühlt. Darum wollte er, die Leiter des Staatswesens, welche die Kinder zur Erziehung übernähmen, sollten Bücher führen, in denen die Abstammung gekennzeichnet würde; und dementsprechend sollten sie es hindern, daß oben bezeichnete Ehen vollzogen würden. Doch eine solche Anordnung ist von zwei Seiten her gänzlich verfehlt. Denn dadurch würde vor allem nicht die geschlechtliche Liebe zwischen nahen Verwandten verboten und könnte nicht verboten werden, sondern bloß die wirkliche Verbindung. Aber schon das ist höchst unanständig, wenn eine sinnliche, der Begierde dienende Liebe unter nahen Verwandten besteht. Sodann ließ sich Sokrates bei diesem Verbote einzig von dem Gedanken leiten, daß die Menschen nicht allzu maßlos der Zügellosigkeit sich hingeben sollten; da bei dergleichen Personen die Liebe der Begierde zur bereits bestehenden, in der Natur begründeten verwandtschaftlichen Liebe hinzukommt und so die Heftigkeit der Zuneigung über alles Maß vermehrt wird. Auch das ist ungenügend. Denn nicht einzig aus dem genannten Grunde sind eheliche Verbindungen unter nahen Verwandten unstatthaft, sondern zumal darum, weil das Band des Blutes selber von Natur eine gewisse Achtung und Ehrbarkeit begründet, welche von der sinnlichen Begierde mit Füßen getreten wird.

An dritter Stelle folgt eine weitere Unzukömmlichkeit aus solcher Gesetzgebung, wie sie Sokrates wollte. Es wird dadurch die den Staatsbürgern zukommende Freundschaft gestört. Wie wir nämlich im 9. Buche der Ethik ausgeführt haben, wird die Freundschaft unter Menschen dadurch bewahrt, daß jedem Teile das zu teil wird, was im gebührenden Verhältnisse zu seinem Stande und seinen Anlagen sich findet. Der Staat aber besteht darin, daß einige an der leitenden Spitze stehen und die andern diesen unterworfen sind. Dann also wird zwischen diesen beiden Teilen die Freundschaft bewahrt, wenn jedem zu teil wird, was im Verhältnisse zu seinem Stande ihm gebührt. Sind nun die Untergebenen den Fürsten oder Leitern darin gleichgestellt, daß Kinder und Weiber gemeinsam sind, so wird dieses Verhältnis, auf dem die Freundschaft beruht, zerstört, und somit die Freundschaft selber. Die Kinder der letzten im Staate werden über Gebühr erhoben und die der Ersten herabgedrückt werden, wenn sie allen gemeinsam sind. Das aber kann nur Verwirrung zur Folge haben. Dazu kommt, daß solch ein Gesetz noch von einer andern Seite die Freundschaft untergräbt und sonach der Einheit schadet, die doch gerade Sokrates an die Spitze stellen wollte. Die Freundschaft oder Liebe nämlich hat zur Folge die Einheit, wie dies Aristophanes eingehend dargelegt hat. Die Freundschaft aber wird untergraben, wenn niemand zu einem bestimmten Manne, im Unterschiede von den andern, sagen kann: Das ist mein Sohn, oder, das ist mein Vater. Soll dies jeder von allen, d. h. von sehr vielen andern sagen können, so geht es, wie wenn jemand einen Tropfen Honig in viel Wasser gießt; dann merkt man nichts im Wasser von der Süße des Honigs. Dadurch also, daß jeder von allen sagt: Das ist mein Sohn, wird die Liebe der Freundschaft bis ins Unmerkbare hinein gemindert. Zwei Dinge bewirken ja, daß jemand in hohem Grade für anderes Sorge trägt und mit demselben in Liebe vereint wird. Das erste ist, daß es ihm eigens und im besonderen Sinne zugehört, wonach die Menschen mehr für das ihnen Zugehörige sorgen, wie für das Gemeinsame. Das andere ist die größere Zuneigung, die der eine zum andern hat. Danach wird für gewöhnlich ein Kind mehr von den Eltern geliebt, wenn es das einzige ist, als wenn noch mehrere da sind. Es ist in dieser Beziehung so, als ob die Liebe vermindert werde, wenn sie auf viele sich erstreckt und demnach viele an ihr teilhaben. Also würde durch eine Gesetzgebung, wie die des Sokrates in unserem Falle es ist, die Freundschaft unter den Bürgern vermindert werden. Zweck der Gesetzgebung aber ist das Gegenteil: die Vermehrung und Vertiefung der Freundschaft.

Getrennt von der Frage der Weiber- und Kindergemeinschaft ist die der Gütergemeinschaft. Denn wenn auch die Kinder und Frauen nicht gemeinsam sind, so kann doch gefragt werden, ob es nicht besser sei, den Grund und Boden sowie die Früchte gemeinsam zu besitzen, als daß jeder da sein Eigen hat. Hier ist nun ein Dreifaches möglich: nämlich entweder kann der Besitz an Grund und Boden Eigenbesitz sein, die Früchte aber werden zusammengetragen und auf alle verteilt, wie das bei einigen Nationen geschah; oder umgekehrt ist der Grund und Boden gemeinsam und wird als gemeinsamer bearbeitet, die Früchte aber werden nach gegebenem Verhältnisse jedem zugeteilt zu beliebigem Gebrauche, wie das von einigen barbarischen Völkern geübt wird; oder endlich die Aecker und die Früchte sind gemeinsam, wie das Sokrates haben wollte. Es liegt uns also ob, in dieser Sache die Wahrheit zu erforschen. Wir zeigen zuerst das Ueble, was aus der Ansicht des Sokrates folgt, und dann das Gute, was dadurch unterdrückt wird. In der ersten Behauptung leiten uns drei Gründe.

Sind die Aecker gemeinsam, so können sie von Fremden bearbeitet werden, die man herbeizieht, oder von den Bürgern selber. Sollen Fremde sie bearbeiten, so vermindern sich allerdings die Schwierigkeiten, aber es wird schwer sein, immer so viele zu bekommen, wie notwendig sind. Soll aber die Feldarbeit von den Bürgern gethan werden, so können jedenfalls nicht alle sich dieser Arbeit widmen. Vielmehr müßten die wichtigeren und einflußreicheren Aufgaben den von Natur höher

Stehenden anvertraut werden und die Feldarbeit müßten die tiefer Stehenden, die gewöhnlichen Leute, thun. Kommt es aber dann zur Verteilung der Früchte, so müßten die Höheren mehr bekommen und jene, welche wirklich die Arbeit gethan haben, weniger. Denn die Verteilung hätte sich jedenfalls nach den wichtigeren und weniger wichtigeren Aufgaben in der Staatsverwaltung zu richten. Dies wäre aber notwendig eine Quelle von Zank und Streit. Die Geringeren würden murren, daß sie die Arbeit thun müßten und wenig bekämen, die andern aber thäten nicht die Arbeit und bekämen viel. Anstatt größerer Einheit würde also aus der Gütergemeinschaft weitergehende Zerrissenheit und gegenseitige Bitterkeit folgen.

Zudem ist es schwer, daß viele Menschen zusammenleben und in einzelnen Gütern des menschlichen Lebens Gemeinschaft pflegen, besonders im Geldbesitze. Dies sehen wir schon bei denen, die eine Reise zusammen machen und eine gemeinschaftliche Kasse haben. Häufig streiten sie sich nämlich, wenn sie berechnen, wie viel gegessen und getrunken worden ist, und für ganz kleine Summen kommen sie zu Beleidigungen und Thätlichkeiten. Umsomehr würde dies der Fall sein, wenn alle Bürger allen Besitz gemeinsam hätten.

Wie wahr dies ist, erscheint auch daraus, daß die Menschen am meisten durch Beleidigungen, die sie von ihrem Hausgesinde erfahren, sich verletzt fühlen, weil sie eben im gemeinsamen Haushalte zusammen sind. Der zu häufige Verkehr erzeugt nur zu oft Störungen. Wenn also in einem Staate alles gemeinsam wäre und deshalb die Menschen zu oft miteinander verkehren müßten, so würde dies die Ursache von Uneinigkeit sein.

Wir wollen jedoch nicht sagen, daß die Gütergemeinschaft gar keinen Vorzug habe. Sowohl der Privatbesitz hat sein Gutes, wie der gemeinsame Besitz. Nur meinen wir, beides müßte durch passende Gesetze und Gebräuche derart verbunden sein, daß sich die Vorzüge auf beiden Seiten vereinigten. Der unbedingte Gemeinbesitz, wie Sokrates ihn anstrebt, würde das Gute hinwegnehmen, welches der Privatbesitz hat; während, wenn Eigentum im Besitze zugelassen wird, damit das Gute verbunden werden kann, welches die Gütergemeinschaft mit sich bringt. Denn nach einer gewissen Weise kann da die Gemeinschaft festgehalten werden, nämlich mit Rücksicht auf den Gebrauch der Früchte. Der Privatbesitzer zuvörderst besorgt besser das ihm Eigene, und dadurch vermehrt er den Ertrag. Er wird also in höherem Maße auch den anderen mitteilen und Wohlthätigkeit üben können. Dadurch wird der Gebrauch des Besessenen gewissermaßen ein gemeinsamer, wie es im Sprichwort heißt, daß Freunden alles gemeinsam ist. Damit dies aber niemand als unmöglich vorkomme, mag er nur daran denken, wie in manchen gut eingerichteten Staaten dies angeordnet ist, daß einiges mit Rücksicht auf den Gebrauch gemeinsam sei. Andres wird im Gebrauche gemeinsam durch den guten Willen der Besitzer. So war es Brauch bei den Lacedämoniern, daß der eine sich des Knechtes des andern, im Falle des Bedürfnisses, bedienen konnte, wie wenn derselbe sein eigener wäre. Aehnlich ward es mit Pferden, Hunden, Karren gehalten, wenn man aufs Feld gehen wollte; freilich mußte es in demselben Bezirke sein. Zudem darf nicht beiseite gelassen werden, daß bei Privatbesitz weniger Streit und Zank ist; denn wo nur ein einziger sich einzumischen hat, fällt viel Gelegenheit zu Hader fort, als wenn über ein und dieselbe Sache viele zu befinden haben. Wir erachten darum es für weit besser, wenn wirkliches Grundeigentum mit Rücksicht auf die einzelnen Bürger besteht, und wenn dann der Gebrauch irgendwie der Gemeinsamkeit zu gute kommt. Die Art und Weise, wie dies zu geschehen hat, muß durch die Klugheit eines guten Gesetzgebers geregelt werden.

Wir machen ferner darauf aufmerksam, wie große Freude es dem Menschen verursacht, wenn er etwas als sein Eigen betrachten kann. Diese Freude aber ist durchaus gerechtfertigt. Denn sie kommt daher, daß der Mensch sich selbst liebt und deshalb für sich selbst Gutes will. Die Selbstliebe aber kommt von der Natur und ist keineswegs leere Eitelkeit. Sie kann freilich tadelnswert werden, wenn sie das Maß überschreitet und man sich selbst mehr als gebührend liebt. Aber dies ist mit jedem Gegenstande unserer Liebe der Fall. Auch das Geld lieben ja alle; nur diejenigen jedoch werden getadelt, die es über Gebühr lieben. Diese Freude nun, etwas sein Eigen zu nennen, nimmt die Gütergemeinschaft, und somit entzieht sie dem Menschen etwas in der Natur Begründetes. Aehnlich ist es für den Menschen erfreulich und in seiner Natur begründet, wenn er andern, Freunden oder Fremden, helfen kann. Auch diese Freude unterdrückt Sokrates mit seiner Ansicht.

Trotzdem gestehen wir zu, daß diese Gesetzgebung des Sokrates auf den ersten Blick etwas Gefälliges und Anziehendes hat. Dies kommt zuerst vom Guten, was man als künftige Frucht solcher Gesetze sich vorstellt. Denn wenn jemand hört, alles sei den Bürgern eines gewissen Staates gemeinsam, so macht er sich einen hohen Begriff von der wunderbar großen Freundschaft, welche dort die Bürger untereinander verknüpfen müsse. Sobann kommt dieses Anziehende von den Uebeln, die man durch derartige Gemeinsamkeit in Weibern, Kindern und im äußeren Besitze hinweggenommen wähnt. Man meint nämlich, dann würden die Menschen nicht mehr um gemachter Kontrakte willen Prozesse miteinander führen, die Armen würden nicht mehr den Reichen schmeicheln, man würde keine falschen Zeugnisse mehr abgeben. Man soll sich indessen ja nicht täuschen. Diese Uebel leiten sich nicht davon ab, daß der äußere Besitz kein gemeinsamer ist sondern von der Bosheit der Menschen. Sehen wir doch, daß jene, die gemeinsam etwas besitzen, bei weitem mehr Streit haben, wie jene, die da Privatbesitz haben. Weil aber im Vergleich zur Zahl der Privatbesitzer wenige es sind, deren Besitz ein gemeinsamer ist, deshalb hört man von Streitigkeiten unter den letzteren weniger. Wäre dagegen alles gemeinsam, so würde die Zwietracht viel umfangreicher sein. Dabei ist noch zu berücksichtigen, wie viel Gutes die unbedingte Gemeinschaft in Weibern, Kindern und im äußeren Besitze hinwegnimmt. Die Weibergemeinschaft entfernt die Tugend der Keuschheit, die da gebietet, sich einer fremden Frau zu enthalten; denn sind die Frauen gemeinsam, so giebt es keine fremde. Die Gütergemeinschaft aber entfernt die Tugend der Freigebigkeit, wenigstens mit Rücksicht auf die Bethätigung derselben. Denn freigebig im eigentlichen Sinne ist nur jener, der vom Eigenen giebt; vom Gemeinsamen zu geben setzt nicht große Freigebigkeit voraus.

Wir haben noch das Gesagte zusammenzufassen und wollen dabei vorübergehend auf einige weitere Unzulänglichkeiten der Sokratischen Gesetzgebung hindeuten. Sokrates ließ sich zu seinem System hinreißen durch den Gedanken, das höchste Gut für einen Staat wäre die unterschiedslose Einheit. Allerdings gehört zum Staate eine gewisse Einheit, aber sie darf keine unbeschränkte und allseitige sein. In diesem Falle erstreckt sie sich nämlich so weit, daß da kein Staat mehr besteht, sondern bloß ein Haus, wie wenn z. B. in einem Hause alle dasselbe Handwerk betreiben. Je mehr ein Staat dieser mechanischen Einheit sich nähert, desto schlechter ist er. Dies geschieht aber, wenn der Unterschied zwischen Aemtern zu verschwinden beginnt, welche notwendig sind zum guten Bestande des Staates. Es ist das einem Orchester ähnlich, in welchem alle denselben Ton spielen, oder einem Gesangchor, der dieselbe Note singt. Da fehlt die Symphonie oder der Zusammenklang, in welchem die Verschiedenheiten bleiben und doch von der Einheit beherrscht werden. Ein solcher Staat ist auch mit einem Gedichte zu vergleichen, das nur aus einem Versfuße besteht, wogegen doch das Wesen eines Gedichtes verschiedene Versfüße verlangt. Aehnlich kann die Einheit in einem Staate derart sein, daß nicht mehr von einem Staate gesprochen werden kann. Vielmehr muß im Staate eine Menge von Verschiedenheiten sich finden und die Einheit entsteht erst auf Grund der erziehenden Kraft vernunftgemäßer, gerechter Gesetze. Zu derartigen Gesetzen gehört aber nicht die Weiber- und Gütergemeinschaft, sondern vielmehr Bestimmungen oder Gewohnheiten, wonach der Gebrauch des Privat=Eigentumes allen zum Wohle gereicht.

Dann ist bei Sokrates dies als Fehler anzurechnen, daß er nur seine Vernunft mit ihren allgemeinen Begriffen um Rat fragte und nicht lange Jahre dazu verwandte, zu wissen, was die Erfahrung über die praktische Brauchbarkeit seiner Ideeen sagte. Es ist nämlich festzuhalten, daß in der langen Reihe der voraufgegangenen Zeiten so ziemlich alles gefunden worden ist, was rücksichtlich des menschlichen Zusammenlebens erdacht werden kann. Manches aber davon ist gar nicht Gesetz geworden, weil, kaum hatte man es durch die Praxis erprobt, auch schon seine Unzuträglichkeit offenbar wurde. Und anderes wurde durch die Gesetzgebung thatsächlich festgestellt, aber die Gewohnheit hat sich nach und nach davon entfernt, sodaß das Gesetz später verlassen wurde, weil man seine Nutzlosigkeit ge=

sehen. Was nun den Sokrates betrifft, so hätte es genügt, daß er versuchte, sich die praktische Ausübung seiner gesetzlichen unumschränkten Gemeinschaft vorzustellen, damit er sich von deren Unbrauchbarkeit überzeugte. Denn eine gewisse Teilung und Trennung muß in einem Staate jedenfalls immer sein, wenn auch die gemeinschaftlichen Früchte in den Familien oder Stämmen oder zu gemeinsamen Gastmählern verteilt werden. Da also doch die thatsächlichen Erträgnisse des Bodens verteilt und dadurch jedem gegeben werden müssen, so hat ein Gesetz über die Gemeinsamkeit des Besitzes nur diese Folge, daß die Bürger, die in der Stadt beständig wohnen, sich um die Aecker gar nicht kümmern und nicht die geringste Sorge für sie tragen, denn diese gehören ja keinem von ihnen zu eigen. Dadurch aber wird der ganze Besitz am Ende verwahrlost.

Es tritt hinzu, daß Sokrates nichts darüber gesagt hat, wie er sich denn beim Gesetze seiner Gütergemeinschaft die übrigen Gesetze denke, wodurch der menschliche Verkehr und das Verhältnis der Verschiedenheiten in der großen Zahl der Bürger geregelt werden müßte. Sokrates hat nichts gesagt, weil überhaupt bei einer solchen Gesetzgebung nichts darüber gesagt werden kann. Die Menschenmenge in einem Staate wird ja doch unterschieden nach den verschiedenen Ständen. Nehmen wir nur den Unterschied des Ackerbauerstandes von den Stadtbewohnern, die sich um die Aecker nicht kümmern und von deren Pflege nichts verstehen. Entweder haben die Ackerbauer den Besitz sowie Weiber und Kinder mit den anderen Bürgern gemeinsam, oder sie haben eigene Aecker und eigene Weiber und Kinder zum Unterschiede von den andern Bürgern. Im letzteren Falle ist die besagte Gemeinschaft schon durchbrochen. Herrscht aber unverbrüchliche Gemeinschaft, so sind die Ackerbauer den Behütern des Staatswohles ganz gleich und somit tragen die letzteren die Last der Leitung und der Verantwortlichkeit für das Ganze ohne den geringsten Vorteil. Sie mühen sich unnützerweise ab, während sie jetzt reichlicher ausgestattet werden und ihre Kinder ebenfalls von der Stellung des Vaters gerechterweise Nutzen haben. Hat aber jemand ein besonderes verantwortungsvolles und mühereiches Amt, so liegt es in der Natur, daß er auch äußerlich, er und seine Familie, sich von den andern unterscheidet. Will jemand einwenden, daß Sokrates es ja so machen könnte, wie bei den Kretensern es gebräuchlich ist, welche die Pflege des Ackerbaues und der Handwerke den Sklaven überlassen und deshalb diesen letzteren nicht gestatten, sich im Gebrauche der Waffen zu üben, so ist damit gar nichts gesagt zu gunsten der Sokratischen Gesetzgebung. Denn in diesem Falle würden wir nicht eine, sondern zwei Gemeinschaften haben, von denen die eine aus Ackerbauern und Handwerkern bestände und die andere aus Bürgern. Die einen würden viel arbeiten und wenig haben, die andern würden nichts thun als die Ruhe des Staates behüten und weit mehr erhalten wie die arbeitenden, sodaß da ein Gegensatz vorwaltete, der binnen kurzem zur Auflösung führen müßte. Sind aber die Aecker zu eigen, dann besteht ein solcher Gegensatz nicht, denn jeder wird dafür sorgen, daß seine Felder bebaut werden, sei es durch ihn selber oder durch andere; und wenn da die Geringeren dienen, so wird sie mit den Wohlhabenderen der ausgleichende Lohn verbinden. Damit wird die Gemeinschaft zwischen beiden Teilen hergestellt sein.

Darin täuscht sich aber Sokrates ganz gewaltig, daß er meint, in seinem Staate, nämlich im Staate der unumschränkten Gemeinsamkeit, seien viele Gesetze nicht notwendig, die in den andern Staaten erforderlich sind, sondern da bedürfe es ganz weniger Gesetze. Vielmehr werden im Staate des Sokrates Klagen erhoben werden, daß diese oder jene nicht gleich den andern arbeiten, und daß sie also auch nicht die gleichen Früchte erhalten dürfen, und ähnlich über viele andere Dinge. Da werden noch mehr Zwistigkeiten wie in jedem der übrigen Gemeinwesen existieren. Dazu kommt, daß Sokrates mit der Ausführung der Gesetze nur die städtischen Behörden betraut und die Ackerbauer von jeder Teilnahme an der Verwaltung ausschließt. Ein weiterer Uebelstand in der Gesetzgebung des Sokrates ist dieser, daß er es ganz den Ackerbauern überließ, ihre Früchte denen in der Stadt oder den mit anderem Beschäftigten darzubieten, damit sie verteilt würden. Er meinte, die Ackerer würden sich durch ein solches Vertrauen und durch solche Macht, die sie hätten, geehrt fühlen und demnach um so bereitwilliger dienen. Das gerade Gegenteil wäre der Fall. Eine solche freie Gewalt über die Erträgnisse würde die Bauern zu einer Last für die andern machen und sie vielmehr zu Betrügereien verleiten, wie daß sie willig und demütig dienten.

Kommt dann zum gemeinsamen Besitze noch die Weibergemeinschaft, so wachsen die Unzulänglichkeiten einer solchen Gesetzgebung. Sind nämlich die Aecker gemeinsam den Verwaltern des Staatswesens und den Landbebauern, so müssen die letzteren der Feldarbeit sich widmen und können somit die Weiber in der Stadt ihnen nichts nützen. Wäre aber der Acker Eigentum eines jeden, die Weiber dagegen mit denen in der Stadt gemeinsam, so würde die Haushaltung auf dem Lande leiden. Denn die Weiber könnten nicht so auf die häuslichen Dinge aufmerksam sein, wie die Männer auf die Pflege des Feldes. Wenn Sokrates diesen Schwierigkeiten dadurch ausweicht, daß er sagt, die Frauen sollten dasselbe thun wie die Männer, nämlich den Acker bebauen, in den Krieg ziehen u. s. w., und sich dabei auf Aehnliches im Leben der Tiere bezieht, wo die Männchen das Gleiche thun wie die Weibchen; so vergißt er, daß die Tiere in keiner Weise Glieder eines Hausstandes sind und somit am häuslichen Leben und Sorgen keinen Anteil haben. Denn gerade in der Verwaltung des Hauswesens haben die Frauen gewisse Thätigkeiten, die ihnen eigens zukommen und derentwegen sie sich von den Thätigkeiten der bürgerlichen oder staatlichen Verwaltung fern zu halten haben.

Eine andere Unzulänglichkeit in der Gesetzgebung des Sokrates besteht darin, daß er nie einen Wechsel in den Leitern oder Fürsten eintreten lassen wollte; sondern es sollten immer ein und dieselben sein. Aber die Menschen können dies nicht lange aushalten, daß sie immer unterworfen sind und andere immer herrschen. Das gilt schon von Menschen, die nicht von Natur kriegerisch veranlagt sind; umsomehr aber von diesen. Daher würde in einem solchen Staate leicht Aufruhr und Widersetzlichkeit entstehen. Der Grund aber, welcher den Sokrates leitete, hat nicht den mindesten Wert: er sagte nämlich, wie es Minen gäbe, in denen nur Gold, und andere, in denen nur Silber, und wieder weitere, in denen Eisen und Kupfer sich fände, so gäbe es von Natur Menschen, die, weil mit Weisheit und Tugend ausgestattet, den erstgenannten Minen glichen; und Menschen, deren Geist im Werte des Silbers gleichsam stände, und endlich solche, die dem

Eisen und Kupfer entsprächen, letztere seien die Bauern und Handwerker. Wir haben gegen solche Ansichten schon früher gesprochen. Allerdings kommt es dem Weisen und Tugendhaften zu, daß er herrsche. Aber diese Vorzüge sind schwer zu erkennen und deshalb nimmt man gewöhnlich bloße, äußere Zeichen davon, wie Adel, Reichtum, für den inneren Gehalt; diese Zeichen jedoch trügen sehr häufig. Darum ist es gut, daß da gesetzlich ein Wechsel gestattet ist; abgesehen davon, daß der eine selbe Mensch mit seinem freien Willen die Tugend verlieren kann und damit untauglich zum Leiten wird.

Sokrates hat ferner noch darin unrecht, daß er meint, seine Ansicht verbürge jenes Glück und Wohl, um dessentwillen das Staatswesen existiert. Es ist dies bei der Gesetzgebung des Sokrates nämlich gar nicht möglich, daß das Staatswesen glücklich sei. Denn wie organisch ihm dienende und mit ihm verbundene Werkzeuge machen den Menschen hier auf Erden glücklich eigene Kinder, eigene Frauen, Eigentum im Besitze, wie im 1. Buche der Ethik ausgeführt worden. Sokrates aber will nicht, daß in seinem Staate jemand etwas eigen zugehöre. Das soll man jedoch nicht glauben, daß ein Staatswesen glücklich sei, wenn die Menschen, die es bilden, nicht glücklich sind. Ein Staatswesen ist dadurch nicht wie eine gleiche Zahl, welche aus der Addierung von ungleichen entsteht, wie die gleiche Zahl 6 aus 2 ungleichen Zahlen $3 + 3$ ersteht. Wie aber können in dem Staatswesen des Sokrates zu allererst die Leiter glücklich sein, die da ganz gleichgestellt werden den Handwerkern und Ackerern, wo also die größte Ungleichheit fälschlich als Gleichheit hingestellt wird!

Endlich teilte Sokrates die Gesamtheit der Unterthanen in zwei Teile: den einen Teil bilden die Bauern und Handwerker, den andern die Krieger und die Leiter des Staates. Ob die Bauern und Handwerker irgendwie an der Verwaltung Anteil haben oder ob sie in irgend einer Weise, wenn auch nicht so wie die professionsmäßigen Krieger, kämpfen sollten, oder nicht, davon sagt er nichts. Ständige Krieger, die sonst nichts thäten, sollten zum mindesten tausend und höchstens fünftausend da sein. Doch darin muß man nicht sprechen, wie man es in Gedanken hat, daß es möglich sei, sondern wie die thatsächlichen

Verhältnisse es an die Hand geben. Hinter andern Gesetzgebern steht Sokrates noch mit Rücksicht darauf zurück, daß er gar nichts hat über die Zahl der Bevölkerung, wie z. B. Phedon, der Gesetzgeber Korinths, darüber Anordnungen machte. Ueber alle diese Punkte wollen wir noch andere Gesetzgeber vorführen und dann unsere Meinung geltendmachen.

II.

Bemerkungen.

So weit führt uns in der Wiedergabe der Politik des Aquinaten der Anlaß, den uns sozialistische Flugblätter und Reden gegeben. Der Text aus Thomas ist wörtlich vorgelegt. Wir haben nur, des Raumes halber und aus Furcht, zu langweilen, die von Thomas stets und ganz eingehend im Anschlusse an Aristoteles vorhergeschickte Disposition der nachfolgenden Auseinandersetzung ausgelassen, sowie den rein formalen syllogistischen Teil übergegangen. Wir zogen vor, die Materien, wie sie in der Ueberschrift der Kapitel angezeigt sind, zusammenhängend dem Leser zugänglich zu machen. Deshalb hielten wir uns weder an die Einteilung im Texte des Aristoteles, noch an die Unterscheidung des Textes in „Lektionen" bei Thomas. Hie und da mag ein Kapitel etwas lang geworden sein. Der Ermüdung im Lesen ist jedoch sowohl durch das Interesse vorgebeugt, welches der Inhalt bietet, als auch durch die klare, ganz durchsichtige Behandlungsweise des Aquinaten. Der Leser kann die mechanische Abstufung in Paragraphen oder Nummern leicht aus sich selber herausmachen, ohne daß ihm Gelegenheit geboten wird, den Zusammenhang des Ganzen aus dem Auge zu verlieren.

Unsere zu jedem Kapitel hinzugefügten Bemerkungen haben einzig den Zweck, die Verbindung des Abgehandelten mit den gegenwärtigen Verhältnissen im Geiste des Lesers zu erleichtern. Wir wollen durch diese Bemerkungen nicht im mindesten der eigenen selbständigen Thätigkeit des Lesers im Wege stehen. Es ist uns ganz recht, wenn er zu andern Ergebnissen kommt. Für die Gegenwart ist es von Wichtigkeit, überhaupt einen Anschluß an die soziale Wissenschaft der vergangenen Jahrhunderte zu finden. Unser Uebel besteht darin, daß wir, um mit Job zu sprechen, nicht selten der Meinung sind, mit uns beginne erst der (denkende) Mensch oder wir, im 19. Jahrhundert, seien die einzigen Menschen (Job 12) Vos estis soli homines. Wir glauben, das bis jetzt Gebotene werde bereits den Beweis liefern, daß die soziale Wissenschaft bereits zu und vor der Zeit des Aristoteles und noch mehr zur Zeit des Thomas ihre festen Grundregeln hatte, an die anzuknüpfen für die Versuche und die statistischen Nachweise der gegenwärtigen Zeit von Vorteil wäre.

Um nur einen Punkt herauszuheben, sind wir der Ansicht, daß unsere jetzige Alters- und Invaliden- 2c. Versicherung ihre natürliche Grundlage finden könne in der Behauptung des Fürsten der Scholastik, mit der er dem Aristoteles folgt, daß es durch staatliche Gesetze geregelt werden könne, in welcher Weise bei eigenem Besitze der Gebrauch dieses Besitzes zum Besten aller gereichen solle. Dabei ist ein großer, unendlich weiter Spielraum geöffnet. Wir verstehen heutzutage kaum mehr etwas von der Sprache der Natur. Jeder hört zuerst auf die Erfindungen seines Geistes und sucht dieser dann die natürlichen Bedürfnisse anzupassen. Die Sprache der Natur aber ist in der erwähnten Beziehung laut genug: der Besitz soll Eigentum sein, der Gebrauch aber der Gesamtheit zum Besten gereichen. Man wird eingestehen, daß damit allen kommunistischen Ideeen der Kopf abgeschnitten ist. Oder haben nicht alle Menschen dieselbe Natur, ist der

Grund und Boden nicht für alle geschaffen, leuchtet die Sonne und strömt der erfrischende Regen nicht für alle? Wie kann deshalb es ein einzelner verantworten, daß zu seinem selbstsüchtigen Privatvorteil allein das Alles sei! Aristoteles leitet mit Thomas ganz berechtigterweise die Notwendigkeit des Privateigentums **aus dem allgemeinen Besten ab**; denn es würden „die Aecker vernachlässigt werden, wenn sie allen zusammen und nicht einem einzelnen gehörten; was dem einzelnen Menschen einmal gehört, das besorgt er, so liegt es in der Natur, besser". Ist damit eine mechanische Früchteverteilung mit der Natur gegeben? Das würde der Fall sein, wenn der Mensch nicht seine freie Vernunft hätte. Die Natur spricht nicht nur laut, sondern ihre Sprache ist sehr umfassend. „Wie der einzelne mit der Frucht seiner Arbeit dem allgemeinen Besten dient, das ist der Gesetzgebung überlassen", d. h. der Vernunft des Weisen, für die Bedürfnisse des ganzen Staates, der Vernunft des einzelnen Besitzers für den Umfang der Bedürfnisse seiner Umgebung. Gerechtigkeit besteht da, wonach der Arme ebenfalls von dem Besitze des Reichen Vorteil hat; aber eine Gerechtigkeit, kraft deren der Arme niemals fordern kann, sondern deren Grundlage und Maß einzig die freie Vernunft im Besitzer ist. Für den Staat faßt die Vernunft und Freiheit der einzelnen der gesetzgebende Körper zusammen; da vollendet sich also durch Gesetze geregelte Gerechtigkeit. Im Christentum wird die freie vernünftige Verantwortlichkeit des einzelnen mit Rücksicht auf das Befolgen der Stimme der Natur durch den Glauben und die Liebe gestärkt. Es ist ganz verfehlt, die menschliche Natur mit nackten mechanischen Formen abspeisen zu wollen. Die menschliche Natur ist einmal nicht bloße Materie. Die Vernunft ist die Wurzel der Freiheit, und damit sind die Regeln und Schranken der Freiheit gegeben, damit die höchste Kraft im Menschen nicht sein Verderben werde durch Zügellosigkeit.

Wir haben es nach dem Abgehandelten nicht mehr notwendig, eigens nachzuweisen, in welch durchaus zu mißbilligender Weise die Vertreter des Sozialismus den Fürsten der Scholastik anführen. Nicht Thomas sagt, "die Bauern und Handwerker seien keine Bürger und kein Teil des Staates". Das steht allerdings im Thomas, wie wir oben vernommen haben. Aber das sagten die Sozialisten zur Zeit des Aristoteles; und Aristoteles mit Thomas weist es zurück. Und sprechen etwa die Sozialisten unserer Tage, wenn sie unter sich sind, in der Ueberzeugung von ihrer "Wissenschaftlichkeit" anders vom Bauern und Handwerker? Wenigstens nach dem Inhalt der für Bauern und Handwerker verfaßten Flugschriften zu urteilen, rechnen wohl wenige in solchem Grade auf die Dummheit dieser Klassen wie die sozialistischen Wortführer. Und im sozialistischen Staate würde das innerste Wesen desselben dazu treiben, "den Körper der Bauern und Handwerker kräftig, aber ihren Geist schwach", d. h. dumm zu erhalten. Aristoteles und Thomas schließen diese Stände ausdrücklich in den Staat ein, wie wir vielleicht ein ander mal ausführlich hören werden, und sind der Ansicht, der beste Staat sei der, an dessen Leitung in irgend einer Weise alle Anteil haben.

Für jetzt ist es erforderlich, das in dem bisher vorgeführten Textteile (das 1. Buch der Politik und die Hälfte ungefähr des zweiten) Fehlende zu ergänzen. Thomas hat, im Anschlusse an Aristoteles, nur die Stimme der Natur uns vorgelegt, die im allgemeinen die Richtschnur giebt. Die Stimme der Natur aber wird näher bestimmt durch die persönliche Vernunft und diese erlangt ihre Festigkeit, ähnlich der Stimme der Natur, erst in der Kirche, innerhalb deren sie in Verbindung steht mit dem persönlichen Worte der ewigen Vernunft. Weil der Sozialismus gegen die Vernunft ist, deshalb ist er von vornherein gegen die christliche Kirche, die einzig felsenfeste Vertreterin der Freiheit und der Vernunft. Ganz im sozialistischen Sinne sagt ein italienischer Liberaler, Bonfadini: Das Uebel der heutigen Gesellschaft ist in den Eingeweiden, und bis zu den Eingeweiden bringen weder die heftigsten Zugpflaster, noch die sanften Salben. Wir sind da, um vermittels einer materialistischen Erziehung allen religiösen Sinn in unsern Bevölkerungen zu zerstören, und zugleich schicken wir uns an, mit unserer Politik, die voll von Verkehrtheiten ist, den Grund jenes materiellen Wohlstandes zu untergraben, den der Materialismus zu befördern scheint. Wir lassen den europäischen Völkern nichts mehr, weder nämlich die Genugthuungen, welche das Uebernatürliche gewährt, noch die Befriedigung der Begierden. Wir haben ihnen das Ideal für das Wohl des Geistes und für das Wohl des Körpers genommen. Neue Mephistopheles, haben wir ihren Blick vom Himmel abgewandt und auf den Erdboden gerichtet. Diesen Erdboden aber haben wir mit so viel Dornen und Disteln besäet, daß wenigen es glückt, da Ruhe und Bequemlichkeit zu finden. Wie wollt ihr, daß die Völker, wild geworden, in einer Atmosphäre jubeln, die vom Glauben nichts mehr hat und allen Gewaltthaten Zutritt gewährt? Wie wollt ihr, daß sie nicht auch den Stachel der Zerstörungslust fühlen; sehen sie doch um sich herum so viel zerstörte Dinge, zerstört von jenen, deren Beruf war, sie zu erhalten." Unsere Aufgabe ist nun, zu zeigen, daß das Christentum kein Zugpflaster und keine sanfte Salbe ist, sondern in die Eingeweide der menschlichen Natur, seinem ganzen Wesen nach, einzudringen die Macht hat."

Inhalts-Verzeichnis.

	Seite
Vorwort	3
Einleitung: Zweck der staatlichen Ordnung.	
I. Text aus Thomas	8
II. Bemerkungen	20
Erstes Kapitel: Die zwei Hauptklassen im Staate.	
I. Text aus Thomas	25
II. Bemerkungen	37
Zweites Kapitel: Die Erwerbsquellen.	
I. Text aus Thomas	45
II. Bemerkungen	55
Drittes Kapitel: Die Familie.	
I. Text aus Thomas	63
II. Bemerkungen	68
Viertes Kapitel: Widerlegung des Kommunismus.	
I. Text aus Thomas	73
II. Bemerkungen	93